KB104329

인생의 마지막 순간에는
누구나 혼자입니다

인생의 마지막 순간에는
누구나 혼자입니다

마츠바라 준코 지음
송경원 옮김

지금
이책

차례

· 일러두기

1. 이 책에 묘사된 이야기는 저자 마츠바라 준코가 겪은 경험에 바탕을 둔 것이다. 하지만 책에 등장하는 이들의 이름은 모두 가명임을 밝힌다.
2. 본문의 각주는 독자의 이해를 돕고자 역자가 덧붙인 글이다.
3. 이 책에 나오는 일본의 화폐 단위 엔¥은 모두 원화로 환산해 대괄호 [ ] 안에 표시했다. 정확한 수치를 의미하는 경우가 아니면 가독성을 고려해 어림으로 표시했다.

들어가며

내 나이도 어느덧 칠십 줄. 돌이켜보면 혼자서 꽤 잘 살아왔고, 지금도 그렇다고 생각한다. 지금 이 나이에도 나는 여전히 이른 아침 카페에 가서 에스프레소를 즐기는데, 그런 내가 젊은 사람들 눈에는 무료하게 시간을 죽이고 있는 외로운 노인으로 비치지 않을까 한다.

오랜 시간이 지났음에도 뇌리에서 잊히지 않는 장면이 하나 있다. 내 나이 서른 남짓, 그날은 동네 공원을 천천히 돌며 앞으로의 일을 고민하고 있었다. 그러던 중 벤치에 쓸쓸하게 홀로 앉아 있는 한 할머니의 모습이 눈에 들어왔다.

'저 할머니 혼자 사시나 보네. 얼마나 외로우실까? 나도 늙으면 저 할머니처럼 외롭고 처량해 보일까. 설마, 말도 안 돼. 그래도 그렇게 될지 누가 알겠어……'

그 할머니에게서 미래의 나를 보며 정신이 아찔해졌던 그날의 기억이 수십 년이 지난 지금도 또렷하다.

젊은 사람이라면 혼자 있어도 분위기 있어 보이는데, 나이 들어 혼자 있으면 왜 그렇게 쓸쓸하고 애처로워 보일까?

그 후 운이 따라주어 작가로서 내 앞가림은 하며 살게 됐지만, 내가 지금까지 써온 책들의 출발점은 그 할머니다. '나 같은 독신은 혼자서 어떻게 살아가고 어떻게 나이 들어가야 할까?' '사람은 저마다 자기 방식대로 살아가는 거니까 내게도 나만의 삶의 방식이 있지 않을까?' '나에게 좋은 삶이란 어떤 것일까?' 이런 것들 말이다.

공원 벤치에 앉아 따스한 햇살을 즐기며 하루를 보내는 것이 행복하다면 그것으로 충분하다. 다만 나는 그렇고 싶지 않을 뿐이다. 그런 만큼 60대까지 내 주된 관심사는 '홀로 사는 노후'였지만, 70대에 접어들어서는 홀로 사는 노후를 넘어 '홀로 맞는 죽음'으로 옮겨왔다. 이 책에서도 홀로 죽음을 맞이한 실제 사례와 함께 혼자서도 안심하고 죽음을 맞이하기 위한 노하우를 담았다.

나는 1998년에 'SSS네트워크'라 하는 비영리법인을 설립한 후 지금까지 여성 전용 합동묘를 조성하거나 종활終活*을 지원

---

* 스스로 인생을 마무리하고 죽음을 준비하는 활동으로 미리 장례식 준비를 해두거나 주변을 정리하며 실질적인 임종 준비를 하는 것을 말한다.

하는 등 다양한 활동을 해왔다. 그런데 다른 사람의 종활을 돕는 데는 열심이지만, 정작 나 자신의 종활에는 관심이 없다. 조금 과격하게 들리겠지만, 나는 언제 어디서 어떻게 죽든 상관없다.

그도 그럴 것이 언제, 어디서, 어떻게 죽느냐는 자기 뜻대로 결정할 수 있는 일이 아니기 때문이다. 고민해봐야 소용없는 일은 신에게 맡긴다. 장지든 장례식이든 유품 정리든 아무리 만반의 준비를 끝냈다 해도 꼭 그대로 될 거라는 보장은 없다. 그런 사례를 나는 심심찮게 봐왔다.

종활은 반듯한 성격에 성실하고 부지런한 사람에게는 즐거운 일일지 모르지만, 모든 일이 그렇듯이 적당히 하는 것이 좋다. 도가 지나치면 시간 낭비가 될 가능성이 크다. 몸도 건강하고 정신도 말짱한 지금은 종활 말고도 해야 하고 또 할 수 있는 일들이 얼마든지 있다. ✐

한 가지 분명한 것은 젊은 사람들과 달리 노인으로 불리는 나이가 되면 산 날보다 살날이 더 적다는 사실이다. 그야말로 인생의 막이 언제 내려가도 이상하지 않은 단계에까지 우리는 와 있다.

이번 책을 쓰기 위해 취재차 만났던, 지금은 고인이 된 분들의 인생을 접하면서 나는 많은 것을 배웠다. 그러다 한 가지 깨달은 점은 사람은 '산 사람'과 '죽은 사람', 이 두 종류밖에 없다는 당연한 사실이었다.

살아 있기 때문에 꿈도 목적도 가질 수 있다. 살아생전 제아무리 훌륭한 업적을 남기고 대단한 부를 쌓았더라도, 미안하지만 죽으면 그뿐이다. 그러니 살아 있기 때문에 누릴 수 있는 행복과 즐거움을 놓쳐서는 안 된다. 다시 말해 죽음을 생각하는 것은 곧 지금을 어떻게 살 것인지를 생각하는 일임을 절실히 느끼게 되었다.

'혼자 살다가 치매라도 걸리면 큰일이야', '나중에 보살펴줄 사람이 필요해지면 어쩌지?'라며 전전긍긍하고 있을 때가 아니다. 내 인생의 막도, 당신 인생의 막도 이미 명백하게 허리까지 내려와 있다. 그러니 매 순간을 소중히 여기고 즐겁게 보내야만 후회를 남기지 않을 수 있다.

거듭해서 말하지만, 언제, 어디서, 어떻게 죽느냐는 신의 영역이다. 우리가 어떻게 할 수 있는 일이 아니다. 사람은 누구나 죽고, 혼자 죽는다는 사실 또한 그렇다. 그러나 살아 있는 순간순간을 즐기며 행복하게 지내느냐, 죽을 날만 기다리며 허송세월을 보내느냐는 어디까지나 자신의 몫이다.

지금까지 '홀로 사는 노후'에 대한 책은 많이 써왔지만, '죽음'에 관해 본격적으로 이야기하는 것은 이번이 처음이다. 여전히 인생에 미숙한 내가 죽음을 이야기할 자격이 있을지 조금 망설였다. 그러나 누구나 혼자 마주하게 될 마지막 순간을 위해 차분히 준비할 필요가 있으리라는 생각에 심혈을 기울여 이 책을 썼다.

부디 이 책이 혼자서도 안심하고 죽음을 맞이하는 데에 조금이나마 도움이 되기를 바란다.

01

홀로 죽음의
시대가 왔다

죽음을 진지하게 생각할 시간

여든이면 너무 늦다

불과 20여 년 전만 해도 가족 없이 '홀로 죽음'을 맞는다는 것은 평생을 혼자서 살아온 비혼자나 아이 없는 기혼자들의 문제로만 여겨졌다. 그나마 여기에 관심을 갖는 기혼자는 사회 문제에 꽤 관심 있는 소수에 불과했다.

그러나 사회 전반에 개인주의가 팽배해지고 저출생 현상이 가속화함에 따라 가족구성원의 수도 4명에서 3명, 2명으로 감소 추세를 보이면서 대중의 사고방식에도 변화가 생길 수밖에 없었다. 또한 가족의 규모가 작아지면서 그 가치와 기능도 약해져 전통적 의미에서 '가족'은 '풍전등화', 말 그대로 바람 앞의 등불과 같다.

자식은 나이 든 부모를 부양할 마음은 없으면서 부모의 재산에는 탐을 내고, 부모는 "죽을 때까지 자식에게 기대지 않겠다"라는 말을 유행어처럼 입에 달고 산다.

일전에 올해로 팔십이 된 한 남성과 소소한 대화를 나누다가 '홀로 맞는 죽음'으로 이야기 화제가 넘어갔다. 지금은 아내가 그의 곁에 있지만 안타깝게도 지병 때문에 언제 어떻게 될지 모르는 불안한 상태였던 듯싶다. 남편 홀로 남겨질 것이 불 보듯 뻔해 보였다. 자식이 있기는 한데 미국에서 살고 있다, 자식에게 기댈 생각은 눈곱만치도 없지만 혼자서 어떻게 해야 좋을지 모르겠다…, 그렇게 속내를 털어놓으며 내게 조언을 구했다. 예전이라면 생각지도 못할 일이었기에, 나는 '세상이 참 빠르게 변하고 있구나' 하고 실감할 수밖에 없었다.

나이 든 부부를 생각해보자. 통상적으로 남성에 비해 여성의 기대수명이 길기 때문에, 대개 아내는 남편이 먼저 세상을 떠나고 혼자가 되는 상황을 어느 정도 상상해가며 생활한다. 그에 반해 남편은 아내보다 자기가 먼저 죽을 것이라 생각하기 때문에 자신이 혼자 남겨지리라는 상상을 거의 하지 않는다. 하지만 지금과 같은 장수 시대에는 그런 태평한 남성들도 홀로 맞는 죽음에 대해 진지하게 생각하지 않을 수 없게 됐나 보다.

그런데 미안하지만 "좀 늦었어요"라고 말해주고 싶다. 오로지 일밖에 모르고 살아온 많은 남편들이 아내와의 사별 이후의 삶에 대해서는 별 고민이 없었다. 그런 만큼 변화된 세상을 따라가지 못하고 있다는 느낌이 든다. 나는 곤혹스러운 기분으로 말했다.

"그때는 그때 가서 어떻게든 되겠지요. 앞일을 걱정하기보다 지금 이 순간을 즐겁게 사는 게 좋지 않을까요?"

내가 생각해도 무책임하기 짝이 없는 대답이었지만, 오다가다 만난 자리에서 가볍게 할 수 있는 이야기는 아닌 듯싶어 그쯤에서 웃으며 헤어졌다. 사실 어린애도 아닌데 내가 일일이 알려줘야 할 이유도 없다. 다만 당부하고픈 한 가지는 이제부터라도 남에게 의지하려는 마음을 버리고 자신의 남은 삶은 스스로 진지하게 생각하지 않으면 안 된다는 것이다.

'홀로 죽음'을 각오해야 한다

최근 코로나19 팬데믹으로 전 세계가 혼란에 빠졌다. 이 장기간의 대위기가 회사 일을 삶의 중심으로 삼아온 이른바 '회사형 인간'들에게도 대단한 영향을 끼친 듯하다. 회사밖에 모르던 이들이 앞으로 어떻게 살아가야 할 것인지 삶의 방향을 새롭게 모색하고 있는 것이다. 바람직한 변화가 아닐 수 없다. 일도 중요하지만 '삶의 방식'을 생각하는 것이 훨씬 더 중요하다고 나는 믿는다. 그러려면 '홀로 죽음'을 자기 일로 받아들이고 겸허하게 공부할 것을 특히 남성에게 권하고 싶다. 남성에게는 듣기 거북한 이야기일지 몰라도, '홀로 죽음'은 결혼하지 않은 여성의 전매특허가 아니라 가정을 이룬 남성, 그렇다, 다름 아닌 당신의 일이다. 혼자이건 둘이건 상관없다. 우리는 죽음이라는 관점에서 보자면 다를 게 없는 존재다.

어떠한 형태로 가족을 이루고 있든지 간에 인간은 원래 혼자다. 가족은 나무 한 그루 한 그루가 모여 숲을 이루는 것과 같다. 어떤 나무든 이웃한 나무에 마냥 기대 서 있는 나무는 없다. 나무는 자신의 다리로 홀로 서 있다. 그리고 시간이 지나면서 점차 시들고 썩어간다. 온통 푸르게 우거진 숲속에서 자기 홀로 썩어 흙으로 돌아간다. 자연에서 살아가는 모든 존재는 동물이든 식물이든 혼자 살다가 혼자 죽어간다. 웬만큼 나이를 먹은 덕분일까? 요즘 들어 새삼스레 자연의 고귀한 섭리를 가슴 깊이 깨닫고 있다.

인간은 태어날 때도 혼자, 죽을 때도 혼자라고들 하지만, 죽음의 순간, 그 전과 후에는 남에게 의지할 수밖에 없는 것도 사실이다. 스스로는 아무에게도 신세를 지지 않았다고 생각할 수 있겠지만, 무인도에 살지 않는 이상 누구나 다른 사람의 도움을 받으며 살아가다 죽는다. 중요한 것은 단순히 물리적으로 혼자라는 사실이 아니라 혼자임을 각오하고 받아들이는 자세가 아닐까 싶다.

부모님은 괜찮지만
혼자인 나는 어쩌면 좋을까

간병은 발견의 연속

내 주변 사람들을 보며 문득 깨달은 사실이 하나 있다. 요즘 중장년 독신 여성들 사이에 오가는 대화가 예전과는 달라졌다는 점이다. 이 세대에는 부모를 간병해본 경험이 있거나 지금도 노부모를 간병하고 있는 사람이 많다. 본인이 60대라면 부모는 대부분이 80대 후반에서 90대이다. 일본은 세계에서 손꼽는 장수국가로 주목받아왔다. 그런데 최근에는 장수가 축복이 아니라 비극일 수 있음을 상징적으로 보여주는 '노노老老 간병*'이 사회 문제로 떠올랐다. 이 노노 간병의 한가운데서 분투하고

---

* 노년의 배우자 또는 자녀가 노인 환자를 돌보는 것을 말한다.

있는 이들이 바로 독신 여성들이라고 할 수 있다.

63세 독신인 마리코 씨는 지난 5년간 집에서 93세 노모의 병 수발을 들어왔다. 마리코 씨의 어머니가 치매 증상을 보이기 시작한 것은 88세가 되던 해였다. 그때까지 어머니는 집안일도, 이웃과 교류도 별문제 없이 잘해왔다. 하지만 날이 갈수록 증세가 심해지면서 한시도 눈을 뗄 수 없는 상황에 이르렀다.

"오늘은 잠깐 짬을 내 나온 거라서 어머니에게는 미안하지만 방 문을 테이프로 붙여 못 열게 하고 왔어요."

다행히 마리코 씨는 직장에 나가지 않고 집에서 어머니를 돌보며 일할 수 있는 여건이 됐기 때문에 경제적으로 큰 어려움이 없었다. 다만 일 관계로 집을 비워야 할 때는 미리 단기 보호 서비스를 신청해두어야 한다. 단기 보호 서비스를 이용해본 사람이라면 알겠지만, 내일 당장 필요하다고 해서 쉽게 이용할 수 있는 것도 아니다. 지역에 따라서는 몇 개월 전부터 예약해두지 않으면 안 되는 곳도 있다.

마리코 씨의 어머니는 요개호 5등급*을 받은 중증 환자였기 때문에 원칙적으로는 특별양호노인홈†에 입주할 수 있지만, 대

---

* 우리나라의 장기요양보험제도에 해당하는 개호보험제도의 돌봄 서비스를 이용하기 위해서는 돌봄이 필요한지의 여부, 즉 요개호 인정을 받아야 한다. 피보험자의 상태에 따라 1~5등급으로 나뉘며 숫자가 높을수록 중증이다.
† 일본의 지방자치단체나 사회복지법인에서 운영하는 고령자 복지 시설로, 개호보험으로 입주할 수 있어 비교적 비용이 저렴하다.

기자가 백 명을 훌쩍 넘는 곳이 다반사라 그것도 사정이 여의치 않다. 마리코 씨는 돌봄 서비스를 십분 이용하고 이웃 사람들의 도움을 받아가며 그럭저럭 버티고 있다고 했다.

"말은 그렇게 해도 정말 고되죠? 요양사가 없는 시간이 더 많을 텐데요. 한밤중이라든가, 주무실 때는⋯⋯. 어떻게 하고 있어요?"

내가 묻자 마리코 씨는 머뭇거림 없이 대답했다.

"기저귀를 채운 덕분에 화장실까지 부축해 갈 일은 줄었으니 그나마 부담을 덜었죠."

"그래도 하루에도 몇 번씩 새 걸로 갈아줘야 하잖아요?"

내가 조심스럽게 되묻자 이번에도 대번에 대답이 돌아왔다.

"요즘 기저귀는 흡수력이 좋아서 여러 번 소변을 봐도 괜찮아요. 기저귀도 진화한 거겠죠. 어머니를 돌보다 보면 이런저런 것을 발견하는 재미가 있답니다."

"그래도 대변 같은 경우는 힘들지 않아요? 냄새도 고약하다던데요."

"대변은 진작부터 안 나오는걸요. 하긴 그러니 기저귀도 별거부감 없이 갈아줄 수 있을지도 모르겠네요. 대변은 돌봄 서비스를 이용해서 한 주에 몇 차례씩 손으로 빼내고 있어요."

마리코 씨는 병든 노모를 돌보는 일이 힘들게 느껴진 적은 한 번도 없었다고 한다. 어떤 사람에게는 감당하기 힘든 일일지 모르지만, 마리코 씨는 몰랐던 것을 '발견'한다고 생각하며 어머니를 돌본다. 대단하다고밖에 말할 수 없다. 마리코 씨에게 위안이 되는 일이 하나 있다면, 치매가 심해져 딸의 얼굴도 몰라보는 어머니가 감사 인사는 꼬박꼬박 한다는 점이다. 그런 어머니가 귀엽단다.

"'누구신지 몰라도 고맙네요. 맛있어요. 고마워요'라고 그래요. 방긋방긋 잘 웃고, 얼마나 좋은 사람이게요. 하나도 밉지가 않아요."

마리코 씨의 어머니는 딸의 보살핌을 받으며 이 세상을 떠날 채비를 하고 있다.

점차 빨라지는 혼자의 시대

아흔다섯의 내 어머니도 다행히 아직 정정하시다. 어느 날 덜컥 세상을 등지지 않는 다음에야 내가 병시중을 들어야 하는 날이 오겠지만 말이다.

"아무렴 자식한테 짐이 돼서야 쓰겠니."

어머니는 입버릇처럼 말씀하신다. 당신 마음은 그렇다 해도 막상 때가 되면 자식인 내가 돌볼 수밖에 없다.

그런데 문제는 부모님을 떠나보내고 홀로 남은 나 같은 사람들이다. 부모는 괜찮다. 자식이 있으니 어떻게든 된다. 자식이 직접 모시거나 간병인의 손을 빌리거나, 그것도 여의치 않으면 자식 손에 이끌려 요양시설에 들어갈 수도 있다.

그렇다면 가족이 하나도 없는 나는 어떻게 될까? 누가 내 임종을 지켜줄까? 안타깝지만, 삶을 마무리하는 시점에 이르게 되면 온전히 혼자 힘으로 스스로를 돌보기는 어렵다. 다른 사람의 손을 빌리지 않으면 안 된다. 특히 남에게 기대기 싫어하는 성격인 나는 그런 상황을 상상만 해도 몸서리가 쳐진다.

나도 나이를 먹으면 내 어머니처럼 삶의 마지막 시간들을 보내게 될 것이다. 내일 무슨 일이 벌어질지 모르는 게 인생인데 자기는 치매에 걸리지 않을 거라고 누가 단언할 수 있을까? 나이를 한 살 한 살 먹고 오래 살다 보면 쉽게 피할 수 없는 것이 치매다.

나이를 먹으면 먹은 만큼 우리의 몸은 겉도 늙고, 속도 늙는다. 당연히 뇌도 예외가 아니다. 그렇게 생각하면 치매는 자연현상과 같은 것이어서 피하고 싶다고 피할 수 있는 게 아니다.

60대 독신 여성들이 모이는 자리에선 어김없이 이런 대화가 오간다.

"부모님은 괜찮아. 나 같은 딸이 있잖아. 딸 가진 부모는 얼마나 안심하는지 몰라. 엄마 병시중을 들면서 뼈저리게 느꼈지 뭐야. 문제는 우리야."

일본 총무성 통계국이 발표한 '2015년도 국세조사*' 자료에 따르면 남성의 생애미혼율은 23.37%, 여성의 생애미혼율은 14.06%로 나타났다. 또한 2030년에는 남성 3명 중 1명, 여성 4명 중 1명이 생애미혼자가 될 것이라는 예측도 나왔다(생애미혼율이란 50세까지 한 번도 결혼하지 않은 사람의 비율로, 만 45세~49세와 50~54세 미혼율을 평균 내어 산출한다).

혼자 사는 1인 가구(세대수 기준)가 급증하고 있는 지금의 상황을 생각하면 당장이라도 무엇인가 대책을 세우지 않으면 안 된다. 더 늦어지면 온통 혼자 사는 노인들로 가득한 끔찍한 세상과 맞닥뜨리게 되리라는 것이 뻔히 내다보인다.

제 몸을 스스로 건사할 수 있을 때까지는 그나마 괜찮다. 그렇다고 과연 80대, 90대가 되어서도 혼자서 모든 것을 감당할 수 있을까? 한없이 초라해지기 전에 저세상으로 갈 수 있을까?

---

* 우리나라의 인구주택총조사에 해당한다.

자식 없는 부부의 불안은
홀로 남겨지는 것

사이좋은 부부의 한숨

흔히 남자들은 아내를 잃고 혼자 남겨졌을 때 초라하다 못해 비참해 보이기까지 하지만, 여자들은 남편이 살아 있을 때보다 훨씬 생기가 넘치게 된다고들 한다. 실제로 남편이 먼저 세상을 떠난 여성 중에는 건강하고 활력 넘치는 사람을 심심치 않게 만날 수 있다. 얼마 전 남편과 사별한 사람들끼리 모임을 만들어 사이좋게 지낸다는 여성들을 만나게 되었다. 모두 아홉 명이었다. 오랜 시간 함께해온 남편을 떠나보내고 홀로 지내고 있다고 생각하지 못할 만큼 밝은 모습이었다. 그러리라 예상은 했어도 내심 놀랐다.

여성은 남편보다 자식, 아니 돈이 먼저인가. 돈 걱정만 없다면 종일 온갖 수발을 다 들어야 하는 남편 따위 필요 없다. 진심으로 그렇게 생각하는 아내가 적지 않은 모양이다.

가령 집에 불이 났는데 한 사람밖에 구할 수 없다고 하자. 이런 상황이라면 어떻게 할까? 남편이냐 자식이냐, 둘 중 어느 쪽을 선택하겠느냐고 물으면 생각할 것도 없이 바로 '자식'이라고 대답하는 여성이 당연히 많을 것이다.

"남편 치다꺼리도 이제 신물이 나. 남편이 죽고 나면 나 자신을 위해 살겠어. 나만 생각하며 살고 싶어."

이처럼 혼자가 되는 날을 은근히 기다리는 여성도 어렵지 않게 만날 수 있다.

반면에 서로를 의지하며 사는 사이좋은 부부라면 어떨까? 내 주변의 금슬 좋은 부부 중에는 남편이 자기 곁을 영영 떠나게 될 거란 생각만 해도 불안해서 견딜 수가 없다고 말하는 사람이 있다.

65세인 미치코 씨는 25년 전 마흔이 되던 해에 두 살 아래인 지금의 남편과 결혼했다. 두 사람 다 재혼이다. 첫 결혼에서 미치코 씨는 자식이 없었고, 남편은 전처 사이에서 낳은 아들 둘이 있다. 남편은 전 부인과 헤어지면서 아이들과도 사이가 멀어졌다. 아이라고는 해도 지금은 장성해 30대에 접어들었다. 들리는 소문으로 두 아들 다 결혼해서 아내를 아끼고 아이도 잘 돌보는 어엿한 가장이 되었다는 것을 알게 되었다. 그러니 미치코 씨의 남편은 손주도 본 셈이다.

지금이야 이혼이 그다지 드문 일도 아니지만, 미치코 씨가 젊을 때만 해도 흔치 않았고 마치 집안의 큰 흠인 양 숨기기에 급급했다. 이런 시대적 분위기에서 그 둘의 재혼은 상처 입은 사람끼리의 결합이었다.

첫 결혼은 서로가 처음 하는 경험이기에 불만과 갈등이 많을 수밖에 없다. 부부 관계가 삐거덕거리기 시작하면 원인을 상대 탓으로 돌리고 그간의 고마움은 쉽사리 잊는다. 나 또한 그랬다. 나의 미숙함과 부족함은 애써 외면하면서 여왕 대접을 받으려고만 하는 철부지였다. 내 마음 같지 않은 상대를 나쁘다고만 몰아붙였던 내가 오만했다. 그런 것들을 깨닫고 나 자신을 돌이켜보게 된 것은 이혼한 후였다. 행복이란 잃고 나서야 비로소 깨닫게 되는 법인가 보다. 양쪽 다 재혼인 부부가 원만하게 잘 지내는 이유는 두 번 다시 같은 실수를 반복하지 않도록 노력하기 때문이다. 즉 두 사람 다 값비싼 수업료를 치르고 인생을 배운 셈이다.

미치코 씨 부부는 각자 한 번씩 실패를 겪어서인지 더 돈독한 관계를 유지해왔다. 두 사람은 일도, 일상도 늘 함께한다. 경영 컨설턴트로 일하는 남편을 아내인 미치코 씨가 비서로서 돕고 있다. 서류를 작성하는 일은 미치코 씨가 도맡아 한다. 두 사람은 함께 사무실로 출근하고 일을 마치면 두 사람이 함께 저녁을 먹으러 간다. 그야말로 이상적인 원앙부부이다.

남편은 아내에게 특별히 가장으로 대접받고 싶은 마음도 없어서 "오늘 저녁은 뭐야?" 같은 말은 한 번도 한 적이 없다. 똑같이 일하는 처지인데 퇴근한 다음 아내에게 저녁 준비까지 시키기에는 너무 미안해서다.

이만큼 다정한 남편이 또 있을까? 아내는 아내대로 남편의 그런 자상한 마음 씀씀이를 알기에 웬만큼 아프지 않고서는 내색하지 않는다. 남편에게 괜한 걱정을 끼치고 싶지 않아서다. 초혼 부부라면 여간해선 보기 힘든 성숙한 어른 부부라고 할 수 있지 않을까 싶다.

혼자가 되면 다 마찬가지

좌우지간 두 사람은 사이가 좋다. 해외여행은 말할 것도 없고 주말에 온천을 가거나 쇼핑을 할 때도 함께다. 친구를 만날 때도 함께다. 거의 매일 24시간 떨어지지 않고 함께 지낸다고 하니 좀처럼 보기 드문 애틋한 부부다.

"항상 그렇게 붙어 있으면 지겹지 않아?"

독신인 내 입장에서는 이게 참 신기하다. 그러면 미치코 씨는 지겹기는커녕 도리어 남편이 곁에 없으면 어색하게 느껴질 정도라고 대답한다.

"그러는 넌 어때? 혼자서 쓸쓸하지 않아?"

그러고선 매번 이렇게 내 말을 되받는다. 자신은 두 사람이 함께 있을 때 가장 편안하고 마음이 놓인다는 말도 덧붙인다. 그런 미치코 씨가 최근 들어 말로 표현하기 힘든 불안감이 마음 한구석에서 싹트기 시작했다며 조심스럽게 운을 뗐다.

처음엔 서로 죽고 못 사는 원앙부부의 푸념이라 여겨 독신인 내가 들어봐야 어쩌겠는가 싶었다. 그러나 이야기를 듣다 보니 이해가 갔다. 이들 원앙부부에게까지 '혼자'의 위기감이 밀어닥쳤음을 생생하게 느낄 수 있었다. 미치코 씨는 말했다.

"지금껏 살면서 한 번도 생각해본 적 없었어. '혹시 남편이 먼저 떠나면 어떡하나?' 하는 것 말이야. 그런데 요즘 들어 남편과 사별하는 친구들이 하나둘씩 생기는 거야. 우리 나이 칠십도 되지 않았는데 말이야. 나라고 해서 그런 일이 없을 거라고 장담할 수 없겠다는 생각이 들더라. 그러고 나니 덜컥 겁이 나지 뭐야. 그도 그럴 게 난 지금까지 혼자서 해본 일이 없잖아. 우리 부부는 한시도 떨어지지 않았으니까. 남편이 세상을 뜨면 난 대체 뭘 하면 좋지? 지금 와서 새 친구를 사귀어보려 해도 대개 부부 동반이고……."

소문난 원앙부부의 아내에게 이런 이야기를 들을 줄은 몰랐다. 너무나 뜻밖이었다. 그러다 곧 '혼자' 노후를 보내는 여성들을 위한 지원 활동을 해온 내게 조언을 바라는 것임을 알아채고 대답했다.

"지금까지 부부로 살면서 서로 사랑하고 의지하며 행복하게 지내왔으니까 그건 그것대로 좋았다고 생각해야지. 만약 남편이 떠난 후 혼자가 되면 우리 단체의 공부 모임에 들어오는 건 어때? '홀로 살아가는 것'도 새로운 도전이니까 처음부터 차근차근 익힐 수밖에 없어. 물론 내가 도울 수 있는 일은 도울게."

어째서 독신인 내가 이들 원앙부부의 앞일을, 그것도 어느 한쪽이 먼저 떠나 홀로 남겨질 때의 일까지 신경 써야 하는가 싶어 쓴웃음이 났다. 어쨌든 부부 사이에 깨가 쏟아지든 찬바람이 쌩쌩 불든 간에 언젠가 혼자가 될 생각을 하면 불안해지는 건 당연하다.

미치코 씨의 말로는 그들 부부는 내내 무엇이든 함께해왔기 때문에 두 사람이 함께 아는 친구는 있어도 각자 자기 친구들과 어울리는 일은 거의 없었다고 한다. 얼마 전에야 그것을 깨닫고서 머리가 주뼛 섰단다. 늘 함께 있는 원앙부부도 좋지만, 기왕이면 자기만의 영역을 갖고 있는 게 더 좋다. 그러지 않으면 아내나 남편을 잃었을 때 큰 낭패를 볼 수도 있다. 갑자기 '혼자'가 됐을 때의 불안이 지금까지 '혼자'로 살아온 사람의 불안보다 더 큰 것이다.

일본의 내각부에서는 매년 고령화 현황과 정부의 대책을 담아 《고령사회백서》를 발간하는데, 2018년에 발표된 《고령사회백서》에 따르면 2016년을 기준으로 65세 이상 노인이 포함된 가구는 전체 가구의 절반에 가까운 48.4%를 차지했다.

조금 더 들어가 65세 이상 노인이 포함된 가구를 살펴보면, 노부부만 사는 가구가 31.3%를 차지하며 가장 많았고, 뒤를 이어 노인 혼자 사는 가구가 27.1%였다. 노부부만 사는 가구와 노인 혼자 사는 가구를 합하면 절반을 넘는 상황임을 알 수 있다.

이 숫자만 봐도 앞으로 혼자가 되는 사람이 더욱 늘어날 것은 쉽게 예상할 수 있다.

혼자서 어디까지 버틸 수 있을까

자립이란 내 삶은 내가 마무리하는 것?

일찌감치 비혼을 결심하고 오직 일에만 매진해온 독신 여성은 이혼이나 사별로 혼자가 된 여성에 비해 내면이 강인하다고 하면 지나친 말일까? 그러한 삶이 바람직한가 그렇지 않은가는 일단 제쳐두고, 평생을 홀로 살아온 사람은 누군가에게 의지한다는 것 자체가 자신의 인생 설계 안에 없다. 행여 그런 마음이 들 것 같으면 즉시 싹을 잘라버린다.

"마지막까지 남에게 신세 지지 않고 죽고 싶다."

이것이 평생 독신으로 살아온 여성의 공통된 마음이자 이상이다. 혼자 노후를 보내는 여성들을 지원하는 SSS네트워크를 오랜 시간 이끌어오며 숱한 사람들한테서 숱하게 들었던 말이다. 처음에는 나 또한 이런 생각에 동감했다. 그런데 너도나도 똑같은 이야기만 하니 최근에는 이 말에 반기까지는 아니어도 '남에게 폐 좀 끼치면 어때?'라는 마음이 들기 시작했다. 생각한 건 말해야 하는 성격인 탓에 굳이 안 해도 될 말이 내 입에서 흘러나온다.

"그렇게 말하는 당신도 지금 알게 모르게 다른 사람들의 도움을 받으며 살고 있다는 생각은 안 들어요?"

남에게 신세 지지 않고 자신의 삶은 스스로 마무리하고 싶다.

많은 독신 여성들이 분명 이러한 바람을 가지고 있겠지만, 사실 의문이 남는다. 이처럼 주변과 관계 맺기를 꺼려서야 될 일인가 싶어서다. 얼핏 듣기에 자립한 삶인 것처럼 들리지만, 생각해보면 이게 정말 맞는 말인지 모르겠다. 자립이란 모든 것을 자기 스스로 해내는 것인가, 남에게 폐를 끼치지 않는 것인가 하는 질문을 때때로 스스로에게 해보게 된다. 자신의 삶을 오직 자기 힘으로 마무리하고 싶은 마음은 충분히 알겠다. 그러나 과연 실제로 가능할지 어떨지는 따져볼 일이다.

마지막까지 내 집에서

70세인 노부 씨는 젊은 시절부터 사회 문제에 관심을 가지고 사회 공동의 문제 해결에 적극적으로 참여해온 분이다. 60세에 정년퇴직한 후에도 성평등 운동단체에서 활발하게 활동해왔다. 건강만큼은 남부럽지 않았던 그녀도 65세 무렵부터 관절의 움직임에 이상이 생겼다. 증상이 심해져 집 근처 병원을 방문했는데 의사에게 류머티즘 진단을 받았다.

그만한 일에 꺾일 리 없는 노부 씨는 지팡이를 짚고 모임에 참석했다. 사람들의 동정 어린 시선도 끔찍이 싫어하는 탓에 어디가 편찮으시냐는 질문에 "다리가 조금……. 그런데 별거 아니에요"라며 더는 언급을 피했다. 그런데 시간이 갈수록 통증이 더 심해져 급기야 외출은커녕 자기 다리로 걷지도 못하게 되었다.

혼자 살고, 가족도 없고, 나이도 많고, 병까지 얻은 4중고의 어려움 속에서도 '마지막까지 내 집에서 지내고 싶다'라는 태도를 굽히지 않은 그녀는 요양사 방문을 요청하는 등 가능한 모든 돌봄 서비스를 이용하면서 지금도 여전히 자기 집에서 혼자 생활하고 있다.

앞으로 노부 씨가 혼자서 일상생활을 할 수 없는 상태가 되면 아무리 싫어도 시설에 들어갈 수밖에 없겠지만, 지금으로선 어떻게 될지 알 수 없다.

노부 씨는 옛날부터 남에게 약한 모습을 보이거나 우는소리를 하는 법이 없었다고 그녀의 지인들은 입을 모아 말했다. 누구나 자기 방식대로 살아가는 거니까 남이 이러쿵저러쿵할 문제는 아니지만, 낮 동안은 요양사의 도움을 받아도 밤에는 어떻게든 혼자 버티려고 애쓰고 있을 게 분명하다. 최근에는 혼자 힘으로 침대에 올라가는 일조차 버거워한다고 들었다.

밤사이 화장실이 급해지면 어떻게 하고 있을까? 다만 그녀의 경우 머리 회전은 무서울 정도로 빨라서 요양사에게 자신이 원하는 것은 정확히 전달해 부족함 없이 도움을 받고 있는 모양이다.

"멋져요!" 노부 씨의 삶에는 절로 이런 말이 나올 정도로 감탄하게 된다. 그녀만큼 꿋꿋하게 혼자의 삶을 고수해온 사람도 그리 흔치 않을 듯하다.

나 역시 노부 씨와 마찬가지로 '마지막까지 내 집에서 지내고 싶다'고 생각하지만, 혼자 집에서 삶을 마감하려면 뇌출혈이나 심장발작으로 갑자기 죽지 않는 이상 실현하기는 쉽지 않을 것이다. 그녀처럼 야금야금 몸을 갉아 먹는 병과 싸우며 혼자 살아간다는 건 생각이나 의지만으로 극복할 수 있는 간단한 일이 아니다.

혼자서 어디까지 버틸 수 있을까?

노부 씨가 언제까지 지금과 같은 상태로 집에서 지낼 수 있을까? 지금 이대로 집에서 삶을 마감할 수 있을까? 아니면 어떤 시점에 집을 떠나 시설로 들어가겠다는 결심을 하게 될까?

나는 지켜보고 싶다.

독신으로 오랜 세월을 살아온 인생 선배의 모습은 바로 멀지 않은 훗날의 내 모습임을 절감한다.

그녀의 삶의 마지막 순간을 누군가는 '고독사'라고 부를지도 모르겠다. 그렇다 해도 그때까지 그녀 자신이 살아온 모습 그대로 자립한 삶을 꿋꿋하게 이어왔다면 그것이 바로 멋진 '홀로 죽음'이 아닐까 싶다.

혼자 죽는 것이
곧 고독하게 죽는 것은 아니다

'고독사'의 정의

항상 느끼지만 신문이나 방송에 보도되는 '고독사'에는 쓸쓸하고 처량한 분위기가 감돈다. 아파트 단지에 살다가 아무도 모르게 죽음에 이른 사람이 정말 고독했는지 그렇지 않은지는 본인밖에 모른다. 다만 적어도 '행복한 죽음'이라고 생각하는 사람은 거의 없을 듯하다.

고독사의 정의는 무엇일까? 그저 홀로 지내다 죽음을 맞는 것을 말하는 걸까? 그렇다면 그러한 죽음에 고독이라는 말을 붙이는 게 과연 온당할까? 아무래도 선뜻 와닿지 않는다. 정확한 의미를 모르는 채 고독사라는 말이 일상에 흔히 쓰이고 있지만, 들을 때마다 등줄기가 서늘해지는 것만은 사실이다.*

SSS네트워크의 회원 중에서도 고독사를 두려워하는 사람들이 많다.

"죽는 건 그렇다 치더라도, 고독사만큼은 정말 피하고 싶어요."

이렇게 말하는 사람들이 머릿속에 떠올리는 고독사란 홀로 살다가 아무도 모르게 임종을 맞은 다음, 어느 정도 시간이 흐른 뒤에 시신이 발견되는 상황을 말한다. 집 안에서 오랫동안 방치되어 자기의 몸이 썩어 흐물흐물해지기 전에 발견되고 싶은 것이다.

씁쓸한 우스갯소리 같지만, '사망 후 3일 이내'가 그녀들의 염원이다. 그래서 고독사를 두려워하는 그녀들의 고민거리는 '3일 이내에 발견되려면 어떻게 해야 할까?'이다.

나를 포함해서, 독신 또는 독신이 아니더라도 혼자 사는 사람이라면 항간에 떠도는 혼자 살던 사람의 죽음을 둘러싼 이야기에 형사처럼 귀를 쫑긋거리게 되는 법이다.

그 사람은 어떤 이유로 죽었을까? 어디서 죽었을까? 누가 그 사람을 발견했을까? 방은 어떤 상태였을까? 그 사람은 행복했을까?

---

* 일본에서 고독사는 합의된 명확한 정의가 존재하지 않는다. 우리나라의 경우 '고독사 예방 및 관리에 관한 법률' 제2조에 따라 "가족, 친척 등 주변 사람들과 단절된 채 홀로 사는 사람이 자살·병사 등으로 혼자 임종을 맞고, 시신이 일정한 시간이 흐른 뒤에 발견되는 죽음"으로 정의한다.

각종 미디어에서 하루가 멀다 하고 새로운 뉴스가 쏟아지고 있지만, 특히 유명한 독신 여성이 혼자 살다가 사망한 뉴스는 독신인 사람들이 가장 흥분하는 소식이다. 남의 이야기가 아니라 바로 자신의 이야기로 받아들이기 때문이다.

행복한 '홀로 죽음'

앞으로 혼자 사는 사람의 수는 더욱더 빠르게 증가할 것이다. 그렇게 되면 집에서 혼자 임종을 맞는 사람의 수도 자연히 늘어날 수밖에 없다.

예전부터 나는 홀로 사는 사람의 죽음을 '고독사'라고 부르는 데에 거부감을 느껴왔다. 내게도 언제든 닥칠 수 있는 일이라 생각하면 그저 무관심하게 넘길 수만은 없었다.

줄곧 홀로 살아온 내가 만약 집에서 죽는다면 '고독사'라는 말로 '퉁쳐질' 게 뻔하지만, 그럼에도 나는 내 죽음이 '홀로 죽음'으로 불리기를 원한다. 남들의 눈에는 비록 비참한 죽음으로 비칠지라도 내가 살아온 삶의 연장선 위에서 홀로 죽음을 맞이한 것일 뿐이다. 그러니 '고독사'가 아니라 '홀로 죽음'이다.

'고독사'는 홀로 살다 세상을 떠난 후 가족이나 이웃 사람에 의해 뒤늦게 발견되는 죽음이기 때문에 그렇게 불릴 뿐이다. '고독'이라는 쓸쓸한 말 한마디로 그 사람의 죽음을 설명하는 것은 온당치 못하다. 매 순간 최선을 다해 살다 죽음을 맞이했을 사람에 대한 예의가 아니라고 생각한다.

어떤 방식으로 죽음을 맞이했든 고인을 존중하는 마음을 갖는 것은 중요하다.

홀로 살아온 사람의 죽음은 '고독사'가 아니라 '홀로 죽음'이다. 앞으로도 나는 '홀로 죽음'이라는 말을 의도적으로 반복해 쓸 작정이다.

초고령사회에 접어든 지 오래인 일본의 현실을 생각하면 결혼을 했건 안 했건, 자식이 있건 없건 그런 차원을 넘어 앞으로 '홀로 죽음'이 더는 특별한 죽음으로 취급 받지 않을 것이라는 생각이 든다.

02

홀로 죽음을
맞이하는 행복

아무도 모르게 삶을 마감하는 행복

설날에 연락이 닿지 않았다

비영리법인 SSS네트워크에서는 혼자 사는 여성들을 위한 여성 전용 합동묘를 2000년 일본 후추시 소재 공원묘지인 후레아이파크 한편에 만들었다. 홀로 쓸쓸히 무덤에 묻히기보다 친한 사람들과 함께 안치되기를 원하는 회원들의 열렬한 소망이 실현된 것이다. 혼자서 씩씩하게 살아온 여성들이기에 장미꽃에 둘러싸인 아름다운 우리의 합동묘가 우리에게 잘 어울린다고 자부하고 있다.

당시는 나도, 회원들도 50대로 아직은 젊다 생각해서 당분간은 사망하는 사람이 없으리라 느긋한 마음으로 있었는데, 갑자기 전화가 울렸다.

회원의 부고가 날아든 것은 2002년 1월이었다.

"여보세요. 거기가 SSS네트워크인가요?"

목소리에서 이미 지긋한 나이가 느껴지는 여성에게서 걸려온 전화였다. 회원은 아닌 것 같았다.

"네. SSS네트워크입니다. 죄송하지만, 혹시 회원이신가요?"

SSS네트워크에는 일반인에게서 걸려오는 전화가 많아 먼저 회원인지 아닌지 확인한다.

"아니요. 회원은 아닙니다……."

일반인의 문의 전화라 여겨 설명을 시작하려 하자, 다급한 목소리가 끼어들어 당황했다.

"저기, 제 여동생이 죽었어요……. 거기 회원이었던 요시다 게이코입니다. 동생의 부고를 전해드려야 할 것 같아 연락드렸습니다. 동생이 쓰던 서랍을 정리하다 보니 SSS네트워크의 회보가 나왔거든요. 서랍 속에 고이 간직한 거로 봐서는 뭔가 중요한 물건이었나 보다 싶었어요. 그래서 전화 드렸습니다."

"요시다 씨라고 하셨나요? 지금 찾아보겠습니다. 잠시만 기다려주세요."

회원 명단을 찾아보니 확실히 그녀의 이름이 있었다. 합동묘를 계약한 회원이었다. 요시다 씨는 1942년에 태어났으니 올해로 59세로 아직 환갑 전이다. 사인은 대체 뭐였을까? 그리고 발견되었을 당시 상태는 어땠을까? 가족과 같이 사는 사람과 달리 혼자 사는 사람의 경우 마지막에 어떤 모습으로 세상을 떠났을지 신경이 쓰인다.

아무래도 혼자 사는 사람의 일은 내 일처럼 여겨져 그냥 지나칠 수가 없다. 그와 똑같은 식으로 죽으리라는 법은 없지만, 같은 독신으로서 마지막 모습은 자세히 알아두고 싶은 마음이다. 이는 나쁜 뜻에서가 아니라 나 자신의 '홀로 죽음'을 현실로 받아들이기 위한 마음 준비와 같은 것이다.

요시다 씨의 언니 말로는, 요시다 씨는 도쿄도 내의 아파트에서 혼자 살아왔다고 한다. 결혼한 적은 없고 퇴직할 때까지 줄곧 직장에 다니며 일해왔단다. 말하자면 전형적인 독신 여성인 셈이다.

회사를 조기 퇴직한 후에는 좋아하는 등산을 하며 즐겁게 보냈다. 이렇다 할 큰 병에 걸린 적 없이 무탈하게 지냈고, 작년 오본*에 만났을 때는 기운이 넘쳐보이기까지 했다.

요시다 씨의 언니는 말했다.

"왕래가 잦은 편은 아니라서 평소에 어떻게 지냈는지 잘 몰라요. 다만 설날이면 으레 만나왔는데, 설 연휴가 끝나는 1월 3일까지도 아무 연락이 없었어요. 전화를 걸어도 통 받지 않더라고요. 해외여행을 간다는 얘기도 없었거든요. 왠지 심상치

---

* 우리나라의 추석에 해당한다.

않다 싶어 이틀 후에 집으로 가봤어요. 바로 그때 갔어야 했는데 5일이 돼서야⋯⋯."

"그랬더니요?"

나는 마치 내게 일어난 일처럼 몰입해서 물었다.

"언니 되시는 분은 어떻게 여동생의 집에 들어가셨나요? 열쇠를 가지고 계셨나요?"

혼자 사는 사람은 보통 누군가에게 열쇠를 맡겨둔다. 그렇지 않으면 아무리 긴급한 상황이라 해도 집 안으로 들어갈 수 없기 때문이다. 내 질문에 그녀는 한숨을 내쉰 뒤 대답했다.

"아니요. 열쇠는 없었어요. 평소 그다지 살가운 자매 사이는 아니었거든요. 그래도 동생의 신변에 무슨 일이 생긴 게 틀림없다는 생각이 들어 가만히 있을 수가 없었어요. 동생 집 앞까지 가니 창문이 하나 열려 있어 큰 소리로 불렀는데 대답이 없었어요. 이상하잖아요. 그래서 경찰에게 도움을 요청했지요. 동생한테 연락도 안 되고 문도 잠겨 있다고. 현관문 안쪽의 걸쇠를 채워놨던 통에 문을 부수고 안으로 들어갔더니 동생이 현관 복도에 쓰러져 있었어요."

"그래서 그때 숨은 쉬고 있었나요?"

내가 마치 경찰처럼 캐묻자 요시다 씨의 언니는 말했다.

"아니요. 죽은 지 며칠 지난 것 같다더군요. 언제 사망했는지 정확하게 알 수 없어서 사망 날짜는 의사와 의논해 1월 2일로 정했습니다.”

“그러셨군요. 그런 큰일을 겪고 상심이 크실 텐데 저희 쪽에 연락해주셔서 감사합니다. 결례인 줄 압니다만, 사인은 무엇이었나요?”

요시다 씨 언니의 말에 따르면 직접적인 원인은 알 수 없지만, 검시 결과로 보자면 뇌출혈이었다고 한다. 쓰러졌을 때 의식이 없었는지, 의식이 있었다 해도 움직이지 못해 바닥에 누워 있을 수밖에 없었던 건 아닌지, 동생 곁에 사람이 아무도 없었으니 당시의 정확한 상황은 알 수 없다는 이야기였다.

“설날에 동생한테 연락을 해봤더라면……. 조금만 일찍 발견했다면 살았을지도 모르잖아요. 그렇게 생각하면 이루 뭐라 말할 수 없는 기분이에요. 동생이 합동묘도 계약한 모양이니 가까운 시일 내에 찾아뵙겠습니다. 여러모로 신세를 졌습니다. 고맙습니다.”

요시다 씨의 언니는 그렇게 말하고 전화를 끊었다.

죽기 직전까지 행복했다면
어떤 형태의 죽음이든 상관없다

요시다 씨의 언니는 결혼해 가족과 함께 산다고 했다. 그녀로서는 여동생이 그렇게 홀연히 세상을 떠난 게 한없이 가여운 모양이지만, 오히려 나는 요시다 씨가 부럽다.

쉰아홉이면 죽기에는 좀 아까운 나이라고 생각하는 사람도 꽤 있을 것이다. 하지만 혼자 사는 사람들은 가령 살아 있어도 뇌출혈의 후유증으로 평생 고생할 바에는 차라리 깨끗이 죽는 것이 행복이라고 여긴다. 나 역시 혼자 사는 독신이기에 할 수 있는 말이다.

물론 사람들의 생각은 저마다 다르니 모두가 그렇다고 일반화해 말할 순 없지만, 대개의 경우 가족 없이 혼자 사는 사람은 남의 도움을 받으며 살기보다 깨끗이 죽기를 바란다. 가족이 있는 사람은 가족을 위해서라도 살아야 한다는 생각에 고통과 싸우는 사람이 많다. 혼자 사느냐 가족과 함께 사느냐에 따라 삶과 죽음에 대한 태도에도 차이가 있다는 느낌이 든다.

고독사하는 남성들을 보면 이를 잘 알 수 있다. 배우자가 먼저 세상을 떠나 혼자가 되자마자 병을 얻어 수명을 앞당기는 남자들이 놀라울 정도로 많다.

요시다 씨의 죽음은 내가 이상적으로 생각하는 형태의 죽음이다. 아무도 모르게 홀로 조용히 삶을 마감한다. 더구나 쓰러지기 전까지는 평범한 일상을 보내고 있었다. 환갑도 안 된 나이에 맞은 죽음을 너무 이르다고 여길지, 아쉽지 않다고 여길지는 사람마다 다를 것이다. 아쉽게 느껴진다 해도 20대, 30대처럼 새롭게 인생을 만들어가는 나이는 아니다. 내일모레면 환갑을 맞아 노후로 한 발 내딛게 되는 나이이며, 인생의 수레바퀴를 한 바퀴 돌리며 삶의 쓴맛 단맛을 다 맛보고 어느 정도 수확을 마친 나이다. 내 친한 친구도 환갑을 몇 달 앞두고 암으로 세상을 떠났다. 암이 발견된 지 한 달 만의 갑작스러운 죽음이었다. 그때 나는 얼마 전까지만 해도 은퇴 생활을 즐길 생각으로 반짝반짝 눈이 빛났던 그녀가 얼마나 원통했을지 차마 상상할 수도 없었다. 그저 운명의 신을 원망하기만 했다. 그 후 나라가 망국의 길로 걸어가는 꼴을 보고 있자니 후쿠시마 원전 폭발 사고도 모른 채, 코로나19 팬데믹 상황도 모른 채, 앞으로 맞닥뜨릴 수 있는 경제 파탄이나 빈곤 시대도 모른 채 좋은 시절만 살다 간 행복한 인생이 아닐까 하는 생각이 들었다. 이것이 74세까지 살아온 나의 솔직한 심정이다.

내가 생각하는 이상적인 죽음이란 이런 것이다.

'누구에게도 방해받지 않고 홀로 조용히 죽고 싶다. 이러한 죽음이 최고의 행복이다.'

가족과 친구들에게 둘러싸여 세상과 작별하는 죽음도 좋지만, 스스로 선택해 홀로 살아온 사람이 마지막은 모두에게 둘러싸여 떠나기를 바라는 것은 이상하다고 생각하기 때문이다.

요컨대 죽기 직전까지 행복하다고 느끼며 살았다면, 그것으로 좋은 게 아닐까? 그러니 혼자 집에서 편의점 주먹밥을 먹더라도, 친구가 없더라도, 자신이 행복하다면 남의 눈에 어떻게 비치는지는 상관없다. 자신이 행복한지 그렇지 않은지 스스로 알고 있다면 그것으로 충분하다. 그러므로 설령 길에서 쓰러져 죽어 신원 미상자 취급을 당하든, 아무도 모르게 집에서 죽어 썩어가든, 나는 어떻게 죽었는지에 대해서만큼은 큰 의미를 두고 싶지 않다. 죽기 전까지의 하루하루가 인생의 전부다.

첫 발견자는 이웃 사람

조카가 알려온 부고

아야 씨는 1922년생으로 SSS네트워크의 회원 가운데서도 최고령에 속한다. 회원 명부에 기재된 주소로 미루어보면 도쿄 변두리의 단독주택에 살고 있다. 자가인지 월셋집인지는 알 수 없다. 그녀가 제출한 가입신청서를 보면 가입 동기는 SSS네트워크의 취지에 공감했기 때문이라고 쓰여 있다.

"본가는 도호쿠이고, 형제자매는 이미 세상을 떠났습니다. 도쿄에 사는 친척이 있습니다. 또 이웃에 사는 지인은 있지만 혼자 사는 처지인지라, 혹시라도 남에게 신세 지게 되는 것이 싫어서 예전부터 SSS네트워크에 가입할 생각을 해왔습니다. 가입 동기는 합동묘에 같은 처지에 있는 사람들과 같이 묻히고 싶어서입니다. 혼자 살다 보니 모르는 것투성이라는 걸 알게 됐습니다. 혼자 사는 데 필요한 정보나 경험을 나눠주시면 좋겠습니다. 아무쪼록 잘 부탁드립니다."

가입신청서의 기재항목 가운데 '혼자 산다'에는 체크 표시가 되어 있었지만, '결혼 경험 유무' 항목에는 아무런 표시가 없었다. 추측건대 이혼한 후 도쿄로 나온 듯하다. 자녀는 없는 것 같다. 글씨나 내용을 봐서는 혼자서 성실하고 정직하게 살아왔다는 게 느껴졌다.

SSS네트워크에서 마련한 행사에 참가한 일이 있었을까? 만약 있었다면 최고령자인 만큼 눈에 띄었을 테니 내가 먼저 말을 걸었을 것이다. 기억에 없는 걸 보니 아마 한 번도 나오지 않은 것 같다.

아야 씨의 부고 소식을 전해준 이는 그녀의 조카였다. 개인신상카드에 기록된 야야 씨의 '비상연락처'는 남편의 조카 것이었지만, 실제로 우리에게 연락한 사람은 다른 조카였다.

사람의 죽음을 두고 이러쿵저러쿵 말하는 것은 예의가 아니다. 그래서 부고 소식을 들었을 때도 고인에 대해 자세히 물어보기가 매우 어렵다. 뭐라도 물어볼라치면 "아는 게 없습니다"라며 말을 딱 잘라버리는 사람이 많다. 특히 독신인 사람들은

SSS네트워크에 가입한 사실이나 단체 성격에 대해 주변에 알리지 않는 경우가 많아서인지 고인이 가지고 있던 SSS네트워크의 회보를 발견하고 수상쩍은 단체로 오해하는 가족들도 적지 않다.

일전에도 한 70대 회원이 사망했을 때 회원의 언니라고 밝힌 유족이 전화를 했었다. "거기는 대체 뭘 하는 데죠? 종교단체인가요?" 이렇게 따지듯 물어서 당황한 적도 있다.

고인이 생전에 본인의 의사에 따라 계약한 합동묘를 두고, 마치 우리 단체가 사기꾼인 양 몰아가기에 순간 짜증이 났지만, 이만한 일로 화를 내서는 단체를 운영하지 못한다. 돈 많은 의사 집안인 모양인데, 그래서 그게 어쨌단 말인가. 그 언니라는 사람은 필시 사람을 깔보며 살아왔을 것이다. 그런 집안에 넌더리가 나서 고인은 가족과 상의도 없이 혼자서 자신이 죽으면 묻힐 무덤을 마련해놓지 않았겠느냐 말이다.

고인의 개인신상카드에는 암 선고를 받은 후 SSS네트워크의 합동묘를 계약했다고 쓰여 있었다. 고인에게는 딸이 있었는데, 그 딸에게도 합동묘에 대해서만큼은 이야기하지 않았던 모양이다. 이처럼 자식이 있더라도 자신의 의지대로 자기 인생을 사는 멋진 부모도 있다.

어떻게 빨리 발견될 수 있었을까

계속 이야기했다가는 혈압이 오를 것 같으니, 아야 씨의 이야기로 돌아가자. 그녀는 당시 80대의 고령이었지만, 이웃끼리 왕래가 잦은 교외 작은 동네에서 살았던지라 별다른 문제 없이 홀로 생활하고 있었다.

오전 10시경, 집 앞을 지나던 이웃이 현관에 쓰러져 있는 아야 씨를 발견했다. 그분이 왜 아야 씨의 집 현관문을 열어봤느냐 하면, 전날 아야 씨가 "내일은 10시에 나가" 하고 그에게 얘기했기 때문이다. 분명히 외출한다고 했는데, 현관문이 열쇠로 잠겨 있지 않아 신경이 쓰였단다. 현관문을 열자 아야 씨가 문 앞에 쓰러져 있었다. 다행히 쓰러진 지 얼마 되지 않았다.

처음으로 발견한 그 이웃 여성은 큰소리를 질러 다른 이웃 사람들에게 도움을 구했다. 곧바로 구급차가 왔다. 뇌경색이었다고 한다. 이는 평소 이웃 간의 교류가 얼마나 중요한지를 알려주는 사례가 아닌가 싶다. 지역사회 내의 인간관계가 어떤 의미에서는 안전망이 되어주고 있다고 생각한다. 아마 도심의 아파트라면 아야 씨처럼 빨리 발견되지는 못했을 것이다. 혼자 사는 사람에게는 누군가 지켜보는 사람이 필요하다.

뇌경색의 후유증으로 아야 씨는 말은 하지 못했지만 의식은 있었다고 한다. 그로부터 두 달 후 입원해 있던 병원에서 숨을 거뒀다. 쓰러지기 전까지 특별히 아픈 곳 없이 평범한 일상을 보냈으니 좋은 죽음이라고 생각한다고 아야 씨의 조카는 말했다. 이 조카와 아야 씨는 평소 거의 왕래가 없었던 모양인데, 위급한 상황에서는 가족에게 연락이 가게 되므로 본인의 의지와는 관계없이 가족에게 보살핌을 받게 될 수도 있음을 알아둘 필요가 있다.

결국 아야 씨는 마지막 두 달 동안 조카의 보살핌을 받다 떠났다. 남에게 신세 지고 싶지 않아 했지만 결과적으로 가족의 도움을 받게 된 셈이다. 혈혈단신 혼자 살아왔다면 몰라도, 가족이 있는 경우 아무도 모르게 홀로 죽음을 맞이한다는 게 아무리 본인의 바람이라 해도 현실적으로 어려운 점이 많다.

앞서 사례로 들었던 요시다 씨처럼 자기 집에서 쓰러진 뒤 곧바로 발견되지 않는다면, 주변 사람을 고생시키지 않고 삶을 마감할 수 있다. 반면 빨리 발견되면 병원으로 실려 가 응급처치를 받고 목숨을 건지게 될 확률이 높아지므로 쉽게 죽지 못한다. 발견되는 것이 빨라야 좋을까, 늦어야 좋을까? 해답은 오직 신만이 안다.

한마디 보태자면 아야 씨가 좋아하는 색깔은 노란색. 좋아하는 음악은 클래식. 좋아하는 말은 '성실'이었다.

향년 88세. 아야 씨는 이웃과 어울려 사는 삶을 살았고, 멋지게 홀로 죽음을 맞았다.

낯선 사람에게서
'부고'가 왔다

재산관리인이 알려온 부고

혼자 사는 사람들에게는 자신의 임종을 지켜줄 사람, 바꿔 말하자면 자신의 마지막을 믿고 맡길 만한 사람이 없다는 게 가장 큰 걱정거리다.

"지금은 건강하니까 괜찮지만, 역시 떠날 때가 걱정이야. 나를 돌봐줄 가족도 없으니까. 조카들이 있긴 한데 걔네들한테까지 부탁하고 싶진 않아. 조카들도 부담스러워할 것 같고 말이야. 혼자 사는 사람은 마지막이 정말 큰일이야. 고독사하기는 싫거든. 친구에게 부탁하자니 곤란해할 것 같고. 아아, 어떻게 해야 할까?"

이 문제만 해결되면 평생 혼자 살아도 별문제가 없다고 생각하는 사람이 적지 않다.

얼마 전, 사무국으로 전화가 한 통 걸려왔다. 전화를 받은 사무직원의 응대를 지켜보자니 자꾸만 대화가 어긋나는 듯 보여 내가 전화를 바꿔 받았다.

"여보세요. 대표 마츠바라입니다."

그러자 상대편 여성이 말했다.

"아라카와 가즈코입니다. 탈퇴하고 싶어서 연락드렸어요."

"그러세요? 전화주신 분 성함과 회원번호를 말씀해주시겠어요?"

내가 묻자 그녀는 대답했다.

"저는 회원이 아니에요. 회원은 아라카와 씨입니다. 아라카와 씨가 사망하셨거든요."

"네? 돌아가셨어요? 그러면 전화주신 분은 가족이신가요?"

"아니요. 아라카와 씨의 부탁을 받고 전화드렸어요."

"네? 아라카와 씨는 돌아가셨다고 하셨잖아요?"

상대가 자신의 이름도 신분도 밝히지 않으니 영문을 알 수가 없었다.

"죄송합니다만, 약간 헷갈리니까 다시 한번 물어보겠습니다. 전화주신 분은 누구시죠?"

그러자 그녀는 사무적인 어조로 대답했다.

"저는 아라카와 씨의 재산관리를 맡고 있는 사람입니다."

가족이 아닌 다른 사람에게 사망 연락을 받은 것은 처음이었다. 그때 앞으로는 혈연관계가 없는 사람에게 이런 연락을 종종 받게 될 수도 있겠다는 생각이 들었다.

회원 명단을 찾아보니 사망한 아라카와 씨는 우리 단체에 가입한 사실은 있지만 합동묘는 계약하지 않은 상태였다.

즉 탈퇴 처리만 하면 되는 일이었다. 재산관리인에게 그 사실을 알리자, "그럼 이만 실례하겠습니다"라며 전화를 끊으려 하기에 나는 재빨리 말을 이었다.

합동묘를 계약하지 않았어도 SSS네트워크의 회원인 건 맞다. 독신인 아라카와 씨가 어떻게 마지막 순간을 맞이했는지 알아두고 싶었다.

그녀의 개인신상카드를 열어보았다. 1953년생. 아직 57세 (당시)밖에 안 된 나이였다. 혼자 살고, 결혼한 적은 없다. SSS네트워크에 가입한 동기는 "친구 만들기"라고 적혀 있었다.

재산관리인의 이야기로는 아라카와 씨는 상당한 자산가로, 수년 전부터 재산관리에 관련된 일은 자신이 도맡아왔다고 한다. 아라카와 씨가 시한부 선고를 받기 훨씬 전부터 그녀의 재산관리 일을 해왔다는 것을 특히 강조해 말했다.

시한부 선고는 괴로웠지만

아라카와 씨는 원체 건강 체질이어서 잔병치레도 거의 없었다. 본인도 설마 그렇게 일찍 죽게 될 줄은 상상도 못 했다. 작년 여름에 받은 건강검진에서 암이 발견되어 앞으로 1년 여 정도 남았다는 시한부 선고를 받았다.

가족이 없는 독신에 시한부 선고까지 받는다면 아마 하늘이 노래지는 충격을 받았을 것이고 견딜 수 없을 만큼 괴롭기도 했을 것이다.

만약 나라면 어땠을까? 순순히 받아들일 수 있었을까?

이야기를 듣다 보니 이런저런 생각들로 머릿속이 복잡해졌다. 아라카와 씨는 수술은 받지 않고 입퇴원을 반복하며 투병 생활을 이어갔다고 한다. 재산관리인은 종종 그녀에게 불려가 유산 상속과 관련된 서류를 작성하곤 했는데, 그저 일로 엮인 관계를 넘어 친구처럼 가까워졌다고 말했다. 아라카와 씨도 물론 친구가 있었을 테지만, 입원한 뒤로는 아무에게도 연락하지 않고 재산관리인하고만 만났다고 한다.

해가 바뀌자 아라카와 씨의 상태가 급속도로 악화되었다. 마침내 죽음의 문턱에 이르러 큰 고통 없이 편안한 얼굴로 숨을 거뒀다. 아라카와 씨는 재산관리인이라는 타인에게 자신의 마지막을 의탁했다.

자기 일은 자기가 마무리하고 홀가분하게 떠나고 싶어 하는 사람이 많다. 아라카와 씨의 이야기를 듣고서 암 같은 병이라면 가능하지 않을까 생각했다.

시한부 선고를 받는다면 누구라도 두렵고 괴롭다. 그러나 앞으로 남은 시간을 어느 정도 예측할 수 있다면 죽음을 준비할 수 있다. 자신의 삶을 제대로 마무리한 뒤 임종을 맞이하고 싶다면, 이를 가능하게 해주는 것이 암이라는 병이다. 암도 그 종류나 진행 단계에 따라 다 다르기 때문에 반드시 그렇게 되리라고 장담할 수는 없지만, 다른 병과 달리 준비할 기간이 있다는 게 그나마 암의 긍정적인 면이다.

혼자 사는 사람이 가장 불안해하는 것은 언제까지 살지 알 수 없다는 게 아닐까? 몇 살까지 살지, 언제 죽을지 모르기 때문에 불안한 것이다. 물론 가족이 있는 사람도 마찬가지겠지만, 꼭 가족에게 의지하지 않더라도 가족이 있는 것과 없는 것은 천지 차이다. 며칠 전 70대 회원과 이런 이야기를 나눴다.

"우리 나이는 당장 내일 죽는다 해도 그렇게 이상할 거 없는 나이잖아. 언제 갈지 알기만 한다면야 걱정 안 하지. 돈 문제도 그래. 앞으로 살날이 몇 년이나 남았는지 안다면야 있는 재산 가지고 잘 나눠 쓰면 되겠지만 언제까지 살지, 백 살까지 살지 그걸 누가 알겠어? 그러니 돈도 마음 놓고 쓸 수 없는거야. 마츠바라 씨는 살아 있을 때 가진 돈을 다 써야 한다고 말하지만,

그게 어디 말처럼 쉬운가? 만약 백 살까지, 아니 그 이상을 산다고 해봐. 그럴 때는 어떻게 해?"

10년 전이었다면 농담으로 넘겼을 이야기인데 나이를 먹을수록 마음이 무거워진다.

홀로 사는 사람이 늘어나면서 그들이 사망한 후 장례나 납골, 유품 정리 등을 맡아서 처리해주는 비영리단체와 업체가 우후죽순으로 생겨났다. 그러나 '죽은 자는 말이 없다'는 말이 있듯이, 막상 그때가 오면 실제로 계약 내용대로 지켜질지 장담하기 어려우므로 나는 적극적으로 권하지는 않는다.

행정 당국도 그렇다. 기본적인 조사조차 하지 않은 채 각종 단체의 안내 팸플릿을 창구에 비치해둘 뿐 정부가 마땅히 해야 할 일을 회피하고 있는 것이 현실이다. 행정 당국이 제 역할을 하지 못하니 개개인은 더욱 불안해져 종활에만 매달리게 된다. 하지만 그러는 동안 지금 이 순간을 놓치고 있는 건 아닐까? 과연 무엇을 위한 인생인지 돌이켜볼 필요가 있다.

서비스 제공형 고령자 주택으로
옮겨간 직후에

죽을 때까지 혼자 지낼 생각이었다

1935년생 세쓰코 씨는 조금 골치 아픈 회원이었다. SSS네트워크에서 여는 세미나에 참석하는 것까지는 좋은데, 매번 30분씩 늦게 왔다. 더구나 검정 쓰레기봉투를 뒤집어씌운, 누가 봐도 수상쩍은 카트를 끌고 왔다. 카트는 세미나실 뒤쪽에 놓아달라고 해도 도통 들은 체도 하지 않았다. "설마하니 폭발물은 아니겠죠?" 하고 우스갯소리를 던져도 묵묵부답이었다. 나이를 먹으면서 고집이 세졌는지 아니면 원래 성격이 그랬는지는 알 수 없다. 조용한 세미나실에서 그녀는 늘 튀는 존재였다.

하루는 한시도 몸에서 떼놓지 않는 그 카트 안에 전 재산이 들었을지 모른다는 생각이 들었다. 만약 그렇다면 가지고 다니는 게 오히려 위험하니 뭐가 들었는지 물어볼까 하다 그만뒀다. 무작정 물어보기도 뭣하고, 또 물어봤자 대답을 못 들을 것같기도 했다.

그러던 어느 날, 비가 오나 눈이 오나 세미나에 참석했던 세쓰코 씨의 모습이 보이지 않았다.

"언제부턴가 통 얼굴을 안 비치시네. 신변에 무슨 일이라도 생기셨을까?"

80대가 되면 다리가 약해져서인지, 우리 단체의 행사에도 나오지 않게 되는 회원이 많다. 세쓰코 씨도 그럴지 모른다. 70 대였을 때만 해도 건강하고 활동적이던 사람이 80대에 접어들면 쉽게 피로감을 느끼고 만사가 귀찮아지는 건 어쩔 수 없는 일인가 보다. 혼자 살건 가족과 함께 살건, 당연하지만 나이가 들면 우리의 몸은 하루가 다르게 늙고 쇠약해진다.

신경이 쓰여 세쓰코 씨가 가입할 당시에 제출한 개인신상카드를 찾아봤다. 가입 동기는 "정보를 얻고 싶어서"라고 적혀 있었다. SSS네트워크의 합동묘를 계약한 것만 봐도 인생의 마지막을 준비하기 위해 회원이 되었음을 짐작할 수 있었다. 모르긴 몰라도 세미나에 꼬박꼬박 참석한 이유도 자신의 노후를 대비해 여러 정보와 지혜를 얻고 싶었기 때문일 것이다.

1여 년간 아무런 연락이 없던 세스코 씨가 조만간 이사할 거라며 사무국으로 전화를 해왔다. 지금 살고 있는 단독주택에서 죽을 때까지 살다 갈 생각이었는데, 손목 골절을 입은 후 마음이 바뀌었다고 한다.

"솔직히 손목이 좀 부러졌다고 크게 걱정하진 않았어요. 손 쓰기가 좀 불편했을 뿐인데, 그런데 그게 문제였는지 자꾸 넘어지더라고요."

나이가 들면 대퇴골 골절 같은 큰 부상이 아니더라도 손가락 하나만 골절되어도 몸의 균형이 무너진다. 나이 듦이란 이런 것인가 보다.

"어느 날은 커피를 마시려고 물을 끓였는데 주전자를 헛잡는 바람에 다리에 화상까지 입었지 뭐예요."

이런 일이 있고 나서 이사하기로 결정했다고 말했다.

SSS네트워크의 세미나에 불참했던 1년 동안, 독신인 자신의 마지막 거처를 찾기 위해 고령자 주택이나 유료 노인홈 같은 곳을 꼼꼼히 조사해봤던 모양이었다.

그러느라고 그동안 안 보였던 거냐고 내가 묻자, "그래요, 맞아요" 하며 밝은 목소리로 대답했다. 지금 혼자 살고 있는 집에서 고령자 주택으로 옮기기로 결정하고 나서는 안심이 된 듯 보였다. 이래저래 신경 써주는 사람이 있을 테니 말이다.

마지막 거처로 선택한 서비스 제공형 고령자 주택

세쓰코 씨가 선택한 곳은 자신이 오랫동안 살아온 지역에 새로 들어선 서비스 제공형 고령자 주택이었다. 서비스 제공형 고령자 주택은 운영 주체, 규모, 입주 요건, 식사 서비스 유무 등에 따라 다양한 형태가 있다. 나도 취재차 여러 곳을 둘러본 적이 있는데 삼시 세끼 다 챙겨주는 곳도 있고, 안부 확인 서비스만 해주는 곳도 있는가 하면, 건물 외관만 그럴듯한 곳도 있는게 속을 뜯어보면 천차만별이었다. 그녀가 어떤 곳을 선택했는지 궁금하기도 하고 조금 걱정스럽기도 했다. 노인 복지 시설과 관련된 나쁜 소문을 심심치 않게 들어왔기 때문이다. 그리고 얼마 지나지 않아 세쓰코 씨는 한층 더 밝은 목소리로 전화를 걸어와 새 주소를 알려주겠다고 했다. 마침내 서비스 제공형 고령자 주택에 입주한 모양이었다.

그녀의 고집 센 성격도 다른 사람에게 보살핌을 받으며 생활하게 되면서 약간 둥글둥글해진 느낌이었다. 죽을 때까지 서비스 제공형 고령자 주택에서 지낸다면 앞으로 번거롭게 카트를 끌고 다닐 일도 없다.

세쓰코 씨가 선택한 서비스 제공형 고령자 주택의 홈페이지를 둘러보니 대기업에서 운영하는, 규모도 제법 크고 간호사도 상근하는 곳이었다. 생각보다 훨씬 좋아 보여서 다소 놀랐다.

최근의 서비스 제공형 고령자 주택은 예전과 달리 유로 노인홈에 뒤지지 않을 만큼 좋다. 꽤 괜찮은 곳을 찾았구나 싶었다.

여기서 서비스 제공형 고령자 주택과 유료 노인홈은 서로 다르다는 사실을 알아두면 좋겠다.

먼저 공통점도 있는데 두 시설 다 노인들만 이용할 수 있다. 크게 다른 점은 서비스 제공형 고령자 주택은 국토교통성*과 후생노동성†이 공동으로 관리하는 임대주택이어서 입주금이 없거나 수십만 엔 정도로 저렴하다. 반면에 유료 노인홈은 후생노동성이 관리한다. 최근에는 새롭게 진입하는 사업자들 간 경쟁이 치열해지면서 비싼 입주금을 내지 않아도 되는 임대형 노인홈도 늘어나는 추세다. 일반적으로 유료 노인홈은 입주자가 입주금을 내고 주거 및 서비스를 이용할 권리를 갖는 '이용권 방식'으로 운영된다. 따라서 입주금이 상당히 비싸다. 또한 대개의 경우 전반적인 생활 서비스가 제공된다. 서비스 제공형 고령자 주택은 안부 확인과 생활 상담 서비스는 기본적으로 제공되지만, 이외의 돌봄 서비스는 따로 신청해야 한다.

그러면 세쓰코 씨는 어떤 곳을 선택했는지 살펴보자. 도쿄도 외곽에 자리한 서비스 제공형 고령자 주택으로, 숲으로 둘러싸인 넓고 한적한 부지에 세워진 고급스러운 건물이 인상 깊

---

* 우리나라의 국토교통부 격이다.
† 우리나라의 보건복지부, 고용노동부, 여성가족부에 해당된다.

은 곳이다. 개인 공간은 200여 개로 자립형과 돌봄형 두 종류
가 마련되어 있다. 팸플릿에는 '입주금 없이 갱신 없이 평생 거
주 가능'이라는 문구가 강조되어 있다.

개인 공간의 크기도 두 종류가 있다. 혼자 힘으로 일상생활
이 가능한 독신이 지내기에는 원룸형(약 21㎡)이 적당해 보인
다. 세쓰코 씨도 이 원룸형을 골랐을 것 같다. 매달 들어가는 비
용을 보면 다음과 같다.

월 이용료 내역
- 임대료: 7만 5,000엔 [73만 원]
- 관리비: 1만 엔 [97,000원]
- 기본 서비스 요금: 약 3만 5,000엔 [34만 원]
- 식비(1일 3식의 경우): 6만 엔 [58만 원]
- 돌봄 서비스 자기부담금: 개인별 상이함
※ 식사, 이동, 배변 등의 서비스에는 별도 요금이 부가된다.

비용이 비싼지 어떤지는 솔직히 잘 모르겠다. 기본 서비스
말고도 어떤 추가 돌봄 서비스를 세스코 씨가 이용했는지 알
수 없어 뭐라 말할 수 없지만, 추가 비용을 내면 자신에게 필요
한 서비스를 받을 수 있는 건 확실한 것 같다.

세쓰코 씨는 자신의 마지막 거처로 선택한 이곳에 설레는

유료 노인홈과 서비스 제공형 고령자 주택의 차이

	유료 노인홈	서비스 제공형 고령자 주택
시설의 목적	주거 및 식사, 이동 등의 돌봄 서비스를 제공하여 입주자가 안정되고 쾌적한 노후 생활을 보낼 수 있도록 하는 시설이다.	입주자가 편하게 지낼 수 있도록 문턱을 없앤 배리어 프리 구조로 지어진 임대주택이다.
돌봄 유형	①돌봄형 유료 노인홈 ②주택형 유료 노인홈 ③건강형 유료 노인홈 등 세 가지 유형이 있으며, 각각의 유형에 따라 입주 대상자가 다르다.	혼자 힘으로 일상생활이 가능한 노인, 혹은 요개호 등급이 낮은 노인이 입주 대상자다. 안부 확인과 생활 상담, 식사 등의 서비스를 받을 수 있다. 그 외 돌봄이 필요할 경우, 외부 사업자와 별도 계약을 맺어야 한다. 돌봄형 시설도 있다.
생활의 자유도	외출 및 외박 시 신고 및 허가가 필요하다.	외출이나 외박은 자유롭게 할 수 있다.
계약 방식	입주자는 일시금을 내고 '시설에 거주할 권리', '시설을 이용할 권리', 돌봄 등의 '서비스를 받을 권리' 등을 구입하는 '이용권 방식'으로 계약을 맺는 것이 일반적이다. 최근에는 임대형 시설도 늘고 있다.	대주택의 일종이므로 입주자는 임대계약을 맺는다. 돌봄형 시설은 이용권 방식으로 계약을 맺는 경우도 많다.

마음으로 입주했다. 기뻤을 것이다. 살던 집보다 훨씬 좁긴 해도 만족스럽지 않았을까? 더는 아픈 손목을 감싸 쥐고 자신이 먹을 음식을 직접 만들지 않아도 된다. 넘어지면 직원이 즉시 달려와준다.

나는 세쓰코 씨가 선택한 이 서비스 제공형 고령자 주택을 취재할 생각이었다. 그녀가 어떻게 지내고 있을지 궁금했고, 검정 쓰레기봉투를 뒤집어씌운 카트 안에 대체 뭘 싸 들고 다녔는지 물어보고 싶었다. 방문할 날을 학수고대하고 있을 때 갑자기 전화 한 통이 걸려왔다. 세쓰코 씨가 생전에 미리 사후 처리를 위임한 법무사였다. 그는 조심스러운 어투로 세쓰코 씨의 사망 소식을 전했다.

"돌아가셨다고요?"

이사한 지 일주일도 채 안 됐을 때였다. 도저히 믿기지 않았다. 죽을 때까지 무탈히 살다가려고 일부러 살던 곳을 떠나 이사한 곳에서 대체 무슨 일이 있었던 걸까?

예상치 못한 부고 소식에 SSS네트워크 사무국은 크게 술렁였다.

"어떻게 된 일인가요?"

어안이 벙벙해진 내가 겨우 묻자, 입주 이틀 후 욕실에 쓰러져 있는 세쓰코 씨를 직원이 발견했다고 한다. 그렇게 하루아침에 세상을 뜰 줄 누가 알았을까? 향년 83세였다.

익숙지 않은 공간이라 미끄러져 넘어진 것인가? 아니면 다른 이유로 갑자기 의식을 잃고 쓰러진 것인가? 마치 진상 조사를 나온 경찰처럼 캐물었지만, 법무사는 사인에 대해서는 자신이 알 수 있는 부분이 아니라며 완곡하게 말을 돌렸다. 법무사가 SSS네트워크의 사무국에 부고를 알린 이유는 세쓰코 씨가 합동묘를 계약했기 때문이다. 세쓰코 씨는 자신이 죽은 뒤 처리해야 할 일에 대해서도 꼼꼼하게 준비했던 듯 유언장도 제대로 작성해 법무사에게 맡겨뒀다.

입주한 지 이틀만에 욕실에서 사망했다는 말을 듣는 순간 머릿속이 새하얘졌다. 그러나 잠시 숨을 돌리고 차분하게 생각해보니 그녀의 죽음은 결코 충격적인 죽음이 아니었다. 자신이 선택한 새로운 거처에서 편안한 마음으로 저세상에 갈 수 있어 오히려 행복했을 거라는 생각이 들었다.

사람은 누구나 언젠가 홀로 죽는다.

죽음에 대한 두려움 없이 새로운 거처에서 들뜬 기분을 간직한 채 떠날 수 있었던 세쓰코 씨의 죽음은 어찌 보면 멋진 '홀로 죽음'이 아니었을까? 본인이 바라던 대로의 죽음은 아니었을지 몰라도, 병실의 하얀 침대 위에서가 아니라 평소 쓰던 물건으로 가득한 새 거처에서, 더구나 누구에게도 폐를 끼치지 않고 떠난 것이다.

텔레비전이 켜진 채
몸은 싸늘하게 식어 있었다

불안을 드러내지 않는 멋진 선배

교코 씨는 SSS네트워크의 오랜 회원이다. SSS네트워크가 독신 여성을 위한 합동묘를 만들었던 2000년에 65세의 나이로 가입했다. 당시에는 회원 수도 적어서 행사에 꼬박꼬박 참석하는 사람들끼리는 서로 얼굴을 잘 알았다. 그중에서도 아담한 키에 쾌활하고 옷도 잘 입는 멋쟁이 교코 씨는 눈에 띄는 사람이었다. 언젠가부터 무심결에 "교코 씨" 하며 편하게 불러도 싫은 내색 한 번 하지 않았다.

하루는 회사에서 정년퇴직한 지 얼마 안 됐다기에 매일 뭘 하며 시간을 보내냐고 묻자, "매일 운동하러 다니고 버스 여행도 해요"라며 내 질문이 끝나기도 전에 기다렸다는 듯이 대답이 돌아와 놀랐던 기억이 있다. 잘은 몰라도 정시에 회사에 출근하는 습관이 몸에 밴 터라 오전 9시에는 집을 나서고 싶어지나 보다. 매일 오전 9시에 헬스장으로 출근하고 오후 5시에는 집으로 돌아오는 생활을 하고 있다고 했다. 미안하지만, 이 이야기를 들었을 때는 나도 모르게 웃음이 나왔다. 그런데 최근 들어 나 역시 헬스장에 다니게 되었고, 회사 다니듯 헬스장에 출근 도장 찍는 사람을 많이 보게 되었다.

"매일이요?" 하고 내가 되묻자, "그럼요. 매일 아침 가방을 등에 짊어지고 집을 나서죠"라며 웃었다. 아무래도 나하고는 달리 집에 콕 박혀 뒹굴뒹굴하기를 좋아하는 성향은 아닌가 보다.

더 놀랐던 건 주말에도 집에 있는 날이 별로 없다는 말이었다. 혼자라도 참가할 수 있는 당일치기 버스 여행을 신청해 거의 매주 여행을 즐긴다고 했다.

"매주요?" 내가 묻자 웃으며 고개를 끄덕였다.

"버스 투어도 얕볼 게 아니에요. 낯선 곳에 가보는 것도 즐겁고, 사람을 관찰하는 것도 재미있어요. 또 밥도 다 주니까 집에서 따로 해 먹지 않아도 되니 얼마나 편하게요. 게다가 밖에서 먹는 편이 더 싸게 먹히거든요." 그녀의 말에 그만 웃음이 터졌다.

언제든 훌쩍 떠날 수 있도록 집 현관에 당일치기용, 1박용, 2~3박용, 일주일용 네 종류의 여행 가방을 놓아두었다니 대단하다고밖에 말할 수 없다.

교코 씨는 버스 투어에는 늘 혼자서 참가한다. 혼자 가면 외롭지 않으냐고 묻자, "전혀요. 친구를 만들려고 가는 게 아니니까요"라고 대답했다. 혼자만의 시간을 충실하게 보내기 위해 혼자 참가한다고 했다. 이 책을 쓰기 위해 그녀가 합동묘를 신청할 때 써냈던 자기소개를 훑어보니 이런 말이 있었다.

"성격상 혼자가 좋습니다. 솔직히 말하자면 고독하지만, 고독을 두려워하지는 않습니다. 여럿이 모인 자리에서는 잘 어울리기도 하고 분위기를 이끌기도 합니다. 올해 6월부로 은퇴를 하면서 연금생활자가 되었습니다. 경제적으로는 남편에게 의존하지 않고도 생활이 가능하기에 남은 인생은 제 뜻대로 저 자신을 소중히 여기며 살아가고 싶습니다. 지금껏 남에게 크게 의지하지 않고 살아왔지만, 생각해보니 죽은 뒤의 문제가 마지막으로 남았습니다. SSS네트워크의 합동묘는 제가 예전부터 생각했던 것이어서 관련 보도를 접하고 곧바로 신청했습니다."

조금 뜻밖이었다. 남편이나 자녀가 있는 것처럼은 보이지 않았기 때문이다. 그런 건 아무래도 상관없지만, 회원 대부분이 앞으로의 일을 걱정하며 불안해하는 가운데 불필요한 말은 절대 꺼내지 않는 교코 씨가 멋진 인생 선배로 보였다. 그러고 보니 교코 씨는 내가 만든 다큐멘터리 영화가 캐나다에서 상을 받게 되면서 겸사겸사 떠났던 캐나다 여행에도 함께했다. 말 그대로 낯선 곳이라면 어디든 가는 행동력 만점의 면모가 엿보인다. 그녀는 일본인치고도 몸집이 작은 축에 속하는데, 캐나다 사람들이 보기엔 더더욱 작아 보였던 듯 "어쩜 이렇게 작아요?" 하며 놀라워했던 일도 기억난다. 그때가 새삼 그리워진다.

가족이 있어도 나는 나대로 혼자서

교코 씨의 부고를 전해준 이는 그녀의 딸이었다. 향년 82세였다. 2000년에 제출한 개인신상카드를 찾아보니 '배우자가 있다', '자녀가 있다' 항목에 또렷하게 체크 표시가 되어 있었다. 살다 보면 이런 일도 있고 저런 일도 있다. 가족이 있다는 건 좋은 점도 많지만, 또 그만큼 힘든 점도 많다. 그런 가운데 그녀는 아무에게도 기대지 않고 혼자의 힘으로 살아온 것이다.

SSS네트워크에서는 그해에 세상을 떠난 고인의 명복을 비는 합동추도회를 매년 한 차례씩 열고 있다. 2017년 합동추도회에는 교코 씨의 딸이 참석해 어머니 이야기를 들려주었다. 혼자 사는 사람이 사망한 경우 합동추도회에 가족이 참석하는 일은 거의 없다. 또한 본인도 대개 혼자 홀가분하게 떠나고 싶은 사람들이어서 가족이 아니라 합동묘 동료들의 배웅을 받으며 떠나게 되는 것을 반긴다.

교코 씨는 언제부터라고 콕 집어 말할 수는 없지만, 오랫동안 자기 일을 하며 홀로 사는 생활을 고수해왔다. 그간 왕래가 뜸했지만 몇 년 전부터 고령의 어머니가 걱정스러웠던 딸이 정기적으로 안부 전화를 했다고 한다. 그해 1월 전화 통화를 했을 때 평소 술을 즐기지 않는 교코 씨가 "술 한잔 마시고 자면 푹 잘 수 있어"라고 말하기에 놀랐단다. 2월에 전화했을 때는 2층에서 내려오다 계단에서 미끄러져 넘어졌는데 다친 곳은 없다고 하더란다. 그래서 교코 씨의 딸은 1층에서 이불을 깔고 자도록 조언했다고 한다. 3월에 접어들어 안부를 묻자 교코 씨는 몸이 좋지 않기는 한데 더 나빠지면 연락하겠다고 말하며 전화를 끊더란다.

그 후 왠지 불길한 예감이 들었던 딸이 다음 날 전화를 걸었지만 교코 씨는 받지 않았다. 결국 그다음 날 아침, 가지고 있던 보조 열쇠로 현관문을 열고 살며시 집 안으로 들어가자 텔레비전에서 나오는 큰 소리에 화들짝 놀랐다고 한다. 소리가 들리는 쪽을 가봤더니, 교코 씨는 텔레비전 앞에 깔린 이불 위에 큰 대자로 누운 자세로 차갑게 식어 있었다.

경찰의 검시 결과에 따르면, 교코 씨의 사인은 급성 심근경색이다. 텔레비전을 보며 술을 마시다가 새벽 무렵 심장발작이 일어나 긴 시간 고통에 시달리지 않고 떠났으니 좋은 죽음이 아니겠느냐고 딸은 밝은 표정으로 말했다. 건강하고 행복하게 살다가 고통 없이 죽는다는 것. 누구나 꿈꾸는 이상적인 죽음이다. 교코 씨는 자기가 원하는 대로 자신의 삶을 살다 멋지게 떠났다.

혼자 힘으로 누구에게도 방해받지 않고 평범한 일상을 누리며 살다가 숨을 거둔다. 이것이 바로 최고의 '홀로 죽음'이 아닐까? 살았을 때도 혼자, 죽을 때도 혼자. 혼자인 것의 장점은 아무도 곁에 없는 것이라는 사실을 다시금 확신하게 해준 교코 씨의 죽음이었다. 나도 교코 씨와 같은 '홀로 죽음'이 가능할지 모르겠다.

사람은 살던 대로 죽는다는 말이 있는데, 이건 사실이다. 교코 씨는 가족이 있었지만 온전히 자기 자신의 삶을 살다 간 사람이었다. 합동추도회에 어머니의 이야기를 들려주는 딸의 얼굴은 자랑스러움으로 빛났다.

쇼핑하러 가는 길에 그대로

85세는 혼자 힘으로 생활하기에 벅찬 나이일까

미쓰코 씨는 하늘하늘한 자줏빛 원피스가 어울리는 멋쟁이 여성이다. "늘 멋지세요." 내가 이렇게 말하면 수줍은 미소를 짓는 얌전한 분이었다. 죽은 뒤 합동묘에 묻히고 싶어 회원가입을 한 분이시기에 SSS네트워크의 합동추도회에도 빠짐없이 참석했다. 그런데 몇 년 전부터 그녀의 얼굴을 보기가 힘들어졌다. 합동추도회에 빠짐없이 참석하던 사람도 80대가 되면 오시기 종종 힘들어들 하신다.

미쓰코 씨의 얼굴도 이름도 알고 있지만, 서로 얼굴을 마주하는 건 1년에 한 차례 열리는 합동추도회 때뿐이어서 느긋하게 이야기를 나눠본 적은 없었다. 그녀가 풍기는 차분하고 우아한 분위기 덕에 부유한 사모님이라 여겼고, 그래서 내가 도울 일이 많지 않을 거라 생각해서다. 그런데 지금 다시 개인신상카드를 읽어 보니 숱한 풍파를 헤쳐온 고단한 인생이었으리라는 짐작이 갔다.

좀 더 그녀의 이야기를 듣고 싶었다. 배울 점도 분명 있었을 것이다. 겸손이 묻어나는 부드러운 미소는 인생이 무엇인지 아는 사람에게서만 볼 수 있는 것이었다. 너무나 아쉽다.

미쓰코 씨는 부모님의 얼굴을 모른다. 태어나자마자 부모님이 이혼해 부모님의 친구 집에 양녀로 들어갔다가 얼마 안 있어 다시 친척 집으로 보내졌다. 어린 시절 내내 남의 집과 친척 집을 전전하며 자랐다. 전쟁이 끝난 후 회사에 다니다가 결혼했다. 슬하에 자식은 둘이다. 개인신상카드에는 이렇게 적혀 있다.

"태어나서 한 번도 부모님 품에 안겨본 기억이 없습니다. 사실 부모님 얼굴조차 모릅니다. 형제가 있지만 단 하루도 같이 살아본 적이 없습니다. 없는 거나 마찬가지입니다. 혈혈단신 외톨이 인생입니다."

1928년생인 미쓰코 씨는 지금 살아 있다면 올해 93세가 된다. 남편과는 이혼 또는 사별을 한 듯하고, 줄곧 홀로 살아왔다.

합동추도회에 얼굴을 내밀지 않게 된 것은 85세 즈음이었던 것 같다. 그 무렵 그녀는 혼자 살고 있던 고급 아파트에서 고령 자용 주택으로 이사했다.

SSS네트워크 회원들을 보면, 공교롭게도 85세에 자택에서 고령자용 주택 등으로 이사하는 사람이 많다. 85세를 전후로 더는 온전히 혼자 힘으로 생활하기에 벅차다는 것을 체감하는 모양이다. 집에서 죽을지, 시설에서 죽을지 선택해야 하는 나이인 셈이다.

일상에서 조용히 사라진다

미쓰코 씨의 부고를 전해준 것은 그녀가 마지막 거처로 선택했던 서비스 제공형 고령자 주택 측이었다. 평소처럼 시내에 쇼핑하러 외출했다가 갑자기 길에서 쓰러져 사망했다고 한다. 향년 89세였다.

길에서 숨을 거뒀다는 말을 처음 들었을 때는 무척 당황했다. 그런데 가만 생각해보니 죽음이 임박하면서 찾아오는 두려움을 느낄 새도 없이 저세상으로 갈 수 있는 것도 행복이라는 생각이 들었다. 자신이 지내고 싶은 곳에서 인생의 마지막 시간을 안심하고 보냈을 테니 말이다. 살아생전 쇼핑을 좋아했다고 하니 시내 백화점에 가려고 했던 게 아닐까 싶다. 그녀의 얼굴에서 떠나지 않던 온화한 미소는 젊은 시절에는 온갖 고생을 했어도, 자녀가 독립하고 남편과 헤어져 혼자가 되고부터는 조용히 자신의 인생을 즐기고 있었음을 추측하게 해준다.

그녀가 좋아했던 말은 '추억'과 '행복'이다. 가족에게 사랑받지 못하며 유년 시절을 보냈지만, 어른이 된 후에는 결혼해 가족을 꾸렸다. 그리고 다시 혼자가 되었다.

쇼핑하러 가던 길에 갑자기 쓰러지면서 죽음에 대한 두려움 없이 세상을 떠난다. 어쩌면 이것이 누구나 꿈꾸는 이상적인 죽음일지 모른다.

또 하나, 홀로 죽음에도 여러 가지 형태가 있다. 다만 SSS네트워크에서 지금까지 지켜봐온 바로는 혼자인 사람은 대개 단출하게 살다가 홀가분하게 떠난다. 사람은 살던 대로 죽는다는 말은 미쓰코 씨의 죽음을 통해서도 확인할 수 있다.

홀로 세상을 떠난 가족,
남겨진 가족의 마음

'혼자서 죽게 했다'는 고통

'홀로 죽음'을 맞이하길 바라는 사람들이 못내 마음에 걸려 하는 것은 딱 하나다. 자신이 혼자 살다 아무도 모르게 죽는 것은 그렇다 해도, 그것을 남은 가족이 어떻게 받아들일지 하는 것이다.

왜 아무 말도 해주지 않고 죽었을까? 왜 가족에게 의지하지 않았을까? 가족으로서 뭔가 해줄 수 있는 일이 있지 않았을까? 이런 의문들 말이다. 누군가 홀로 아무도 모르게 죽음을 맞는다는 것은 그가 큰 병으로 죽었든지, 곡기를 끊으며 죽었든지, 충동적으로 죽음을 선택했든지 간에 남은 가족이나 가까운 사람들의 마음에 크나큰 상처다.

나 또한 혼자 살던 친구가 갑자기 세상을 떠나는 경험을 했다. 환갑도 안 된 나이었는데도 몸에 병이 나자 마음도 약해지더니 별안간 우리 곁을 떠났다. 그토록 힘들어하는지는 미처 몰랐다. 건강할 때와 달리 병에 걸렸을 때 혼자라는 건 상상 이상으로 외롭고 힘든 삶이었을 것이다. 지금까지 그녀의 고통을 함께 나눠 지지 못한 나 자신을 줄곧 책망하며 지내왔다.

세월은 빨리도 흘러 그녀가 세상을 떠난 지도 12년이 지났다. 그런데 시간이 흐르면서 그녀의 죽음에 대한 나의 마음에도 변화가 생겼다. 혼자의 삶을 마음껏 누렸던 그녀. 후쿠시마 원전 폭발 사고도, 코로나19 팬데믹도 겪지 않고 좋은 시절만 살다 간 그녀는 행복할지도 모른다. 누구에게도 방해받지 않고 혼자 조용히 삶을 마감하는 것은 결코 외로운 죽음이 아니다. 이를 나 스스로 이해하기까지는 꽤 많은 시간이 필요했다.

시간이 흐르자 바뀐 '홀로 죽음'에 관한 생각

홀로 죽음을 맞은 아버지. 그렇게 아버지를 떠나보낸 딸의 당시 심정을 들어볼 기회가 있었다. 지금 40대가 된 그녀는 담담하게 아버지 이야기를 시작했다.

"아버지가 돌아가신 건 16년 전 제가 스물아홉 살 때였어요. 오키나와현의 한 외딴 섬에 사시던 아버지는 홀로 세상을 떠나셨습니다. 향년 쉰여덟 살이었지요. 아버지가 마흔둘, 제가 여덟 살 되던 해에 부모님이 이혼하셨어요. 엄마는 도쿄로 가셨고, 저하고 언니는 아버지가 키워주셨어요. 아버지는 한마디로 술을 무척 좋아하고, 고집이 세고, 그러면서도 다정한 사람. 섬에서 가장 큰 전자제품점을 운영했고 술친구도 많았어요.

재혼 제의도 두 번 정도 들어왔는데, 우리 자매는 찬성했지만 아버지는 '딸들이 싫어해서'라는 이유로 거절했습니다. 지금 생각해보면 또다시 가정을 꾸린다는 게 아버지에게는 번거로운 일이 아니었나 싶어요. 언니와 제가 섬을 떠난 뒤로 아버지는 줄곧 혼자서 생활하셨습니다. 아버지가 돌아가셨다는 전화를 받은 것은 2월의 추운 날이었습니다. 돌아가시기 전에 아버지는 어쩌고 계셨을까요.

작은아버지의 말로는 이미 몇 달 전부터 몸 상태가 심상치 않아 보여 병원에 한번 가보라며 잔소리를 했는데 끝내 말을 듣지 않았다고 해요. 병원이라면 질색하던 아버지는 절대로 병원에 가려고 하지 않았고, 술을 줄이려고도 하지 않았습니다.

아버지가 숨진 채 발견된 날, 작은아버지가 상태를 살피러 찾아갔더니 전기장판 위에 누워 있는 모습이 보이더랍니다. 아버지를 깨우려고 가까이 다가가 보니 그때는 이미 숨을 거둔 상태였다고요.

세상을 뜨기 전까지 아버지는 행복하셨을까, 아니면 외로우셨을까. 저는 혼란스러웠습니다. 작은아버지 말씀으로는 마지막 날에도 친구와 집에서 술을 마셨다고 해요. 그것이 단 하나의 위안이었지요. 당시 스물아홉 살이었던 저는 곁을 지키는 사람 하나 없이 아버지 혼자 돌아가시게 했다는 게 너무나 죄스럽고 슬펐어요. 그래서 이런 식으로 아버지를 떠나보낸 고통은 평생 가슴에 안고 살아가게 될 거라고 생각했습니다.

그로부터 16년이 지나 저도 자식을 낳고 부모가 된 지금 아버지가 살아온 삶을 되돌아볼 때면 '아버지는 외로운 인생을 산 것이 아니라 당신이 원하는 대로 자유롭게 살았다'고 생각하게 되었어요.

이혼 후 재혼하지 않았던 건 우리 자매를 생각해서라기보다 아버지가 원하는 대로 살고 싶었기 때문이 아닐까 하는 생각도 듭니다. 남 밑에서 비위 맞추며 일할 생각은 추호도 없고, 재혼 이야기가 들어와도 모두 거절하고, 몸 상태가 안 좋아도 병원에 가지 않고, 술도 끊지 않았지요. 좋아하는 친구와 좋아하는 술을 기분 좋게 마시고, 홀로 죽음을 맞이한다. 정말이지 아버지는 어디까지나 자유로운 사람이었다 싶어요.

아버지는 어떻게 보면 '홀로 쓸쓸하게 죽었다'고 할 수도 있지만, '마지막까지 당신이 살던 대로 혼자서 자유롭게 살았다'고 하는 게 아버지의 삶과 죽음을 더 잘 말해주는 것 같아요."

환하게 웃는 얼굴로 이야기하는 딸에게 나는 '멋진 홀로 죽음이군요!'라며 마음속으로 박수를 보냈다.

03

고독이 홀로 죽음을
최고로 만든다

누구나 고독을 안고 살아간다

은퇴한 남성은 있을 곳이 없다

10여 년 전부터 이른바 회사형 인간으로 불리며 일본의 고도 경제 성장을 이끌었던 단카이 세대*가 대거 은퇴를 맞이했다. 그들이 회사 밖 세상에 발을 내디뎠을 때 가장 먼저 맛보게 되는 것은 미처 예상하지 못했던 고립감이었다.

　만원 전철에 시달리며 출퇴근하는 고달픔 따위는 아무것도 아니다. 자신의 모든 것을 걸고 가족을 위해, 회사를 위해 악착같이 일했던 회사형 인간의 인생에는 굴곡도 많았겠지만, 그만큼 회사는 자신이 '있을 곳'이 되어주었다.

---

* 1947~1949에 태어난 베이비붐 세대

회사에는 동료가 있고, 든든한 선배와 살가운 후배도 있다. 회사와 일이 인간관계의 전부였던 사람이 정년퇴직을 하면서 회사를 떠날 수밖에 없는 괴로움은 본인만 안다.

은퇴 이후 남성들은 180도 바뀐 일상에 적응하느라 진땀을 뺀다. 새로운 생활에 맞춰 자신도 변해야 하는 것을 머리로는 알고 있어도 좀처럼 몸이 따라주지 않는다.

아무리 좋은 아내라도 늘 밖에 나가 있던 남편이 은퇴 후 24시간 집에만 눌어붙어 있다면 진절머리가 날 법도 하다.

요새야 맞벌이가 많지만, 우리 같은 단카이 세대의 경우에는 남편은 일, 아내는 가정이라는 공식이 상식처럼 통했고, 여성은 결혼하면 가족을 돌보는 일에 전념했다. 회사원의 아내는 대부분 전업주부인 시대였으므로, 집은 부부의 '있을 곳'이 아니라 아내의 '있을 곳'이 되었다. 달리 말해 아내가 집이라는 성城의 성주인 셈이다.

수십 년간 성문 밖으로 출퇴근을 하다가 어느 날부로 회사를 나갈 수 없게 되더니 더는 아내에게 월급까지 봉헌하지 못하게 된 남편이 귀환한다. 성주인 아내가 달가워할 리 만무하다. 자리만 차지하는 짐짝 취급을 받게 된 건 웃으며 어물쩍 넘길 수 있지만, 그런 신세가 된 자신을 스스로 인정하기에는 어쩐지 씁쓸하다.

"여보, 오늘은 어디 갈 데 없어?" 하고 아내가 물으면 "여기가 내 집이야. 좀 편하게 있게 놔둬"라고 큰소리칠 수 있는 남편이 얼마나 될까? 가족을 먹여 살리느라 정신없이 뛰어다녔는데 돌아오는 건 천덕꾸러기 취급이다.

대꾸할 말을 찾지 못한 남편은 혼자 집을 나선다. 평일 오전 9시, 역 앞 카페는 그런 60대 후반 이후의 남성들이 자기만의 시간을 보내는 곳이 되고 있다. 30대로 보이는 건장한 남성들은 카페 쪽으로 아예 눈길도 주지 않고 역으로 향하는 걸음을 재촉한다.

나는 거의 매일 아침 습관처럼 카페에 간다. 메구로에 살았을 때는 주로 젊은 사람들이 자리를 차지하고 있었는데, 사이타마에 사는 지금은 역 앞 카페에 가면 같은 시간대인데도 확실히 은퇴한 아저씨들로 득시글하다.

그도 그럴 것이 사이타마는 도쿄로 통근하는 젊은 사람들이 잠만 자고 가는 침상 도시, 일명 베드타운bed town이다. 그러니 이 동네에서는 집에 있잖니 눈치가 보이는 아저씨들만 눈에 띄기 마련이다.

긴 세월 부부로 살면서 변변한 대화도 없이 지내온 대가를 지금에 와서 치르고 있는 셈이다. 딱히 할 말도 없는데 얼굴을 보고 있어야 하는 만큼 곤혹스러운 관계도 없다. 서로 이제 와서 부부관계를 회복하고 싶은 마음도 없을 터다.

성주인 아내는 남편이 밖으로 나도는 동안 취미생활을 즐기고, 배우러 다니며, 친구도 많이 사귀어둔 덕분에 매일같이 바쁘다. 할 일이 없어 적적해 뵈는 남편 뒤치다꺼리나 하고 있을 시간이 없다. 한집에 살면서도 다른 곳을 보며 살아오는 동안 마음의 거리가 멀어지고 말았다.

예전에 한 텔레비전 방송에서 재미있는 설문 조사를 진행한 적이 있다. 60대 이상을 대상으로 "여행을 떠난다면 누구와 함께 가고 싶나요?"라는 설문 조사였다. 결과를 살펴보면, 남성은 "아내와 가고 싶다"가 1위인데 반해 여성은 "친구들과 가고 싶다"가 1위로 나타났다. "남편과 가고 싶다"는 몇 위였더라? 잊어버렸다.

"매일 삼시 세끼를 차리려니 힘들다. 점심 한 끼라도 밖에서 먹고 왔으면 좋겠다." 이렇게 말하는 여성도 생각보다 많다. "혼자될 남편을 생각하면 불쌍하다. 남편이 먼저 가고 나중에 내가 죽었으면 좋겠다." 이렇듯 속마음을 내비치는 여성도 있다. 성주는 강하다. 성주님의 기분을 거스르면 저녁밥도 위태롭다.

오후 3시의 도서관

평일 오후 3시 즈음, 이웃 사람과 수다를 떨다가 집 근처 도서관 이야기가 나와서 내친김에 찾아가보기로 했다. 작은 도서관의 특성상 규모는 작아도 아늑한 분위기 탓에 누구든 편하게 올 수 있을 것 같았다. 내가 쓴 책이 있는지 확인도 할 겸 한 바퀴 둘러보려고 도서관 안으로 들어갔는데, 놀랍게도 이용자 대부분이 어딜 보나 은퇴자임이 분명한 아저씨들이었다.

열람실은 커다란 창을 따라 책상이 길게 있었고, 학생이나 주부는 거의 눈에 띄지 않고 머리가 희끗희끗한 아저씨들만 앉아 있었다. 대출해갈 책을 고르는 여성은 있어도 책상에 앉아서 책을 읽고 있는 여성은 크게 눈에 띄지 않았다.

잡지 코너 앞에 놓인 소파 역시 그랬다. 이용자 중 아저씨가 많다는 것을 보여주는 증거로, 최신호 잡지가 비치된 진열대의 한가운데 《문예춘추文藝春秋》 칸은 비어 있었다. 누군가 읽고 있는 것이다. 매일 도서관을 찾는 아저씨도 있지 않을까 싶었다. 도서관에서 일하는 사람들에게는 미안하지만, 공기 중에 노인 냄새가 희미하게 떠돌고 있었기 때문이다.

도서관만큼 여름에는 시원하고, 겨울에는 따뜻한 곳도 없다. 무엇보다 성주님의 눈치를 안 봐도 된다. 또 종일 죽치고 앉아 있어도 뭐라 하는 사람 없는, 시간 때우기에도 딱인 곳이다. 여기에다 온종일 말 한마디 안 하고 있어도 사람들 속에 섞여 있으면 고독감도 덜하다.

도서관을 자신이 있을 곳으로 여기는 사람을 나쁘게 말할 마음도 없거니와 도서관에 오는 사람은 고독하다고 멋대로 단정 지을 마음도 없지만, 뒷모습은 외롭기 그지없어 보였다. 도서관을 나서 집으로 돌아간 그는 무뚝뚝한 아내가 차린 저녁을 먹으며 텔레비전을 보고 있을까?

이것이 반평생 죽기 살기로 일해온 남성의 노후라면 아찔하지 않은가. 노후는 이제 겨우 시작됐을 뿐인데 말이다.

얼마 뒤, 도서관 한 군데만을 둘러보고 섣불리 단정 짓는 건 좋지 않다고 생각하던 차에 때마침 가와구치시에 볼일이 생겨 중앙도서관에도 들렀다. 가와구치시는 내가 태어난 곳이다. 어릴 때와 달리 역 주변이 개발되어 완전히 다른 도시가 되었다. 내가 듣기로는 부동산 전문가들이 선정하는 '가장 살기 좋은 도시 대상'에 2년 연속 1위를 차지했다고 한다.

도서관은 역 앞 타워 빌딩 안에 있어서 금방 찾을 수 있었다. 전면이 유리로 되어 있어 전망도 좋다. 중앙도서관인 만큼 규모가 꽤 크고 내부도 상당히 넓다. 창가에는 네 명이 앉을 수 있는 열람석이 마련되어 있는데, 학생들이 자리를 차지하고 있었다.

일요일이라서 그런지 곳곳에 배치해둔 편한 소파와 의자에는 이미 사람들이 자리를 차지하고 앉아 있었다. 잡지 코너에는 10명이 앉을 수 있는 커다란 타원형 책상이 두 개 있었는데, 거기에 앉아 신문을 읽고 있는 이들은 여지없이 고령의 아저씨다. 순간적으로 여기가 주간보호센터인가 생각했을 정도다.

아저씨들은 다들 똑같이 하고 다닌다. 우선 야구 모자를 쓰고 있다. 또 하나 같이 다운재킷을 입고 다니는데, 옷 색깔도 남색 아니면 갈색이다. 신발은 운동화. 연령은 60대 후반에서 70대 후반이 많다.

친구와 동행해서 온 아저씨는 한 명도 없다. 아주머니도 두 명 정도 있었지만, 아저씨가 앉아 있는 책상에서 멀찌감치 떨어진 곳에 앉아 있다.

잡지 진열대를 훑어보니 과연 중앙도서관답게 종류가 많다. 이미 누군가 가져가 읽느라 빈칸이 된 곳은 역시나 아저씨들이 좋아할 법한 《문예춘추》, 《정론正論》, 《주간문춘週刊文春》, 《주간신조週刊新潮》, 《월간 하나다月刊 Hanada》였으니 이상할 것도 없다.

휴일 오전 10시, 아저씨들은 아내를 귀찮게 하지 않으려고 여기서 혼자 시간을 보낸다. 그리고 천연덕스러운 얼굴로 집으로 돌아갈 것이다.

남성은 고독사하기 쉽다

여성보다 남성이 심각

"남자는 못 들어갑니까?"

SSS네트워크의 활동을 해오면서 수도 없이 받은 질문이다.

"죄송하지만 저희 단체는 여성들만 가입하실 수 있습니다"
라고 대답하면 "남자들을 위한 단체는 어디 없을까요?" 하고
재차 묻는다. 전국을 뒤져보면 있을 수도 있겠지만 내가 아는
한 없다고 하면 "그러면 남자는 어떻게 해야 합니까?" 반문하
며 실망한 기색을 보인다.

남성들에게 걸려오는 이런 전화를 받을 때마다 '혼자'의 문
제는 여성보다 남성에게 더 심각하다는 생각이 든다. 하지만
상황이 이렇다 해도 우리 같은 민간단체에서 할 수 있는 일에

는 한계가 있다. 남성들의 막막한 심정은 이해가 가지만 예산이나 인력 등의 여건상 할 수 있는 일은 한정적이다.

냉정하게 들리겠지만, 혼자 사는 남성의 노후를 지원하는 단체가 필요하다고 생각한다면 자신이 직접 시작하면 된다. 자신의 문제를 해결하고 싶다면 다른 사람에게 부탁할 게 아니라 스스로 시작하면 될 일이다. 나만 해도 SSS네트워크를 혼자서 시작했다. 현재 8,000여 명의 여성들과 함께하고 있지만, 처음에는 혼자였다.

남성이 혼자 사는 경우는 정말 문제가 심각하다. 고독사를 막는 네트워크가 필요하다. 그리고 이 생각이 절실하다면 본인이 직접 시작하면 된다.

다만, 문제는 남성은 남성들끼리 뭉치는 단결력이 없다는 데 있다. 여성은 남을 배려하고 보살피기 좋아하고 수다 떨기도 좋아해서 금방 친구를 사귈 수 있지만, 남성은 자기가 먼저 말을 걸거나 다른 사람에게 '도와달라' 말 꺼내기를 어려워하는 듯하다.

이건 내 평소 지론인데 여성은 돈만 있으면 혼자서도 살아갈 수 있지만, 남성은 여성이 없으면 못 살아간다. 그래서 남성에게 "혼자서 어떻게 하면 좋을까요?"라고 질문을 받을 때면 차라리 '결혼하는 게 어떠세요?'라고 속으로 종종 생각한다.

50, 60대 남성은 고립되기 쉽다

고독사 현황을 살펴보면 남성의 고독사 건수는 여성에 비해 압도적으로 많다는 사실을 알 수 있다. 도쿄도 감찰의무원*의 통계에 따르면, 2019년 한 해 동안 도쿄 23구에서 발생한 '1인 가구의 자택 사망 건수'는 남성이 3,868명, 여성이 1,686명으로 남성이 여성보다 2배 이상 많다.

남성의 고독사 비율이 높은 이유는 뭘까? 가장 먼저 꼽을 수 있는 요인으로는 이웃과의 교류에 서툴거나 관심을 두지 않아 고립되기 쉽다는 점이다. 또 한 가지는 일상생활에 꼭 필요한 집안일을 소홀히 여기거나 귀찮은 일로 치부한다는 점을 꼽을 수 있다. 이 두 가지는 꼭 고립사와 연관 지어 생각하지 않더라도 일본 남성의 일반적인 특징이라고도 말할 수 있을 것이다.

요즘에는 청결에 유난스럽거나 결벽에 가까운 남성이 늘어나는 추세라지만, 지금 아저씨라 불리는 세대의 남성들은 일에만 매달리느라 다른 데 눈 돌릴 겨를도 없이 살아온 사람들이라 할 수 있다.

어찌어찌 결혼에 성공해 부인을 얻은 덕에 늘 반들반들 깨끗한 집에서, 깨끗하게 세탁된 옷을 입고, 맛있게 차려진 음식

---

* 범죄와 관련이 없는 사망자에 대한 검안, 부검을 하는 전문기관이다.

을 먹는다. 혼자 내버려두면 자기 입에 들어갈 음식 하나 만들지 못하고, 빨래는 아무 데나 휙휙 던져두고, 청소는 나 몰라라 하고, 쓰레기는 어떻게 버려야 하는지도 모르는 사람이 되어 있을지도 모른다.

고독사한 남성들을 봐도 배우자와 이혼이나 사별을 하게 되면서 사회와 단절된 독거생활에 들어가는 경우가 허다하다. 남성들은 사회에서 살아가는 것처럼 보여도 사실은 그렇지 않다는 사실을 고독사의 현장에서 읽을 수 있다.

남성들이 생각하는 사회는 '회사'이지만, 진짜 사회는 '지역'이며 '가족'이라는 사실을 하루빨리 깨달아야 한다. 굳이 남성 편을 들 생각은 없지만, 남성과 여성은 서로가 도움을 주고 의지하는 관계로 이루어진다. 그러나 그 관계가 끊어지게 됐을 때 남성은 세상에 홀로 내던져지고, 거기에서 누구와 어떤 관계를 맺고 어떻게 살아가야 하는지 모른 채 너저분한 방에서 홀로 숨을 거두게 되는 경우가 다반사다.

최근 들어 부쩍 '혼자 사는 노후'에 관련한 강연 요청이 늘고 있는데, 강연장에서도 역시 "남자는 어떻게 해야 합니까?"라는 질문이 들어오면 나는 이렇게 대답한다.

"남성분들은 아내에게 잘하세요. 아내에게 버림받으면 앞날이 깜깜할 겁니다. 아무리 구박을 받더라도 참으세요."

내 말에 강연장은 웃음바다가 된다. 나는 한 발 더 나간다.

"제일 좋은 건 당신이 부인보다 먼저 죽는 겁니다. 건강관리에는 그만 신경 쓰고 튀김 요리 같은 걸 잔뜩 드세요. 불행히도 아내가 먼저 세상을 뜬다면 당장 재혼하세요. 그런데 그러려면 재산이 좀 있으셔야 할 겁니다."

내친김에 한마디 더 해야겠다. 남성은 혼자가 되면 고독사하기 쉽다고까지 말할 수는 없지만, 고립될 가능성은 상당히 높다. 아직 건강할 때 요리, 빨래, 청소를 비롯한 생활의 기본이 되는 것만큼은 익혀두기 바란다. 집 안이 엉망이 되면 생활도 엉망이 되고 마음까지 엉망이 된다.

'이제 어떻게 돼도 상관없어' '될 대로 되라지' '이렇게 살다 죽으면 그만이지' 이런 마음으로 여생을 내팽개치면 혼자가 된 것만 해도 힘든데, 살아 있다는 것 자체가 고달파진다. 인생은 유한하다. 혼자가 되었다고 그렇게 기분 내기는 대로 살기에는 인생이 너무 짧다.

가능하면 여성들처럼 혼자가 되어도 자기 집에 손님을 초대해 대접할 수 있는 사람이 되어야 한다. 그때 비로소 남성은 진정한 의미에서 사회인이 되는 게 아닐까 싶다.

오래 살고 싶지 않다

놀라운 속도로 진행되는 고령화

일본의 인구 고령화가 사회문제로 대두된 것은 한두 해 사이의 일이 아니다. 국제연합UN이 정한 기준에 따르면, 전체 인구에서 65세 이상 인구가 차지하는 비율(고령화율)이 7%가 넘는 사회를 '고령화 사회', 14%를 넘으면 '고령 사회', 20%를 넘어서면 '초고령 사회'라고 한다. 일본은 1970년에 고령화 사회로 진입했고, 24년만인 1994년에는 고령 사회가 되었다. 그리고 2007년에는 고령화율이 21.5%가 되면서 초고령 사회로 돌입했다. 일본 내각부가 펴낸 《2021년도 고령사회백서》에 따르면 2020년 10월 1일 기준 고령화율은 28.8%이며, 향후 일본의 고령화에 대해서는 다음과 같이 전망한다.

"65세 이상 고령 인구는 2015년에 3,347만 명이 되었다. '단카이 세대'가 65세 이상 고령자가 된 해다. 이들이 75세 이상이 되는 2025년에는 65세 이상 고령자가 3,677만 명에 이를 전망이다. 앞으로도 65세 이상 고령 인구는 계속 증가하여 2042년에 3,935만 명으로 정점을 찍은 뒤 이듬해부터 감소세로 돌아설 것으로 보인다.

전체 인구가 감소하는 가운데, 65세 이상 고령자 수는 증가하면서 고령화율도 상승해 2036년에는 33.3%로 전체 인구의 3명 중 1명은 고령 인구가 차지할 것이다. 2042년 이후에야 65세 이상 인구도 감소 추세로 돌아서겠지만, 고령화율은 계속 상승할 것으로 추정된다. 2065년에는 고령화율이 38.4%에 이르러 국민의 약 2.6명 중 1명이 65세 이상 고령자인 사회가 도래할 것으로 예상된다. 이 중에서도 75세 고령자 비율은 25.6%로 약 3.9명 중 1명이 75세 이상 고령자가 될 것으로 예측한다."

덧붙여 일본의 고령화 속도를 다른 나라와 비교해보면, 고령화 사회(고령화율 7%)에서 고령사회(고령화율 14%)로 진입하는 데 소요된 기간은 독일 40년, 이탈리아 46년, 미국 72년, 스웨덴 85년, 프랑스 126년이었던 반면, 일본은 놀랍게도 24년이었다. 전 세계적으로 고령화가 진행되고 있지만, 일본의 경우는 다른 나라와는 비교가 안 될 정도로 엄청나게 속도가 빠르다. 국가별 인구고령화 속도는 싱가포르 17년, 한국 18년, 중국 23년에 이어 일본이 세계 4위다(국립사회보장·인구문제연구소, 《인구통계자료집》, 2021).

젊은이들이 많이 찾는 몇몇을 제외하면 어디를 가든 노인들만 눈에 띈다. 요즘은 나이 든 사람도 젊게 옷을 입으니 얼핏 보면 나이를 가늠하기 힘들지만, 찬찬히 뜯어보면 대개 60대가 넘는다. 아무리 좋은 화장품을 바르고 멋을 내도 나이는 속일 수 없다. 나도 나이 든 마당에 남의 말할 처지는 못 되지만 전철 안에도, 주말의 마트에도, 여행지에도 어딜 가나 노인들 천지다. 옛날 같으면 나이로는 이미 저세상 사람이 되었을 노인들이 활기차게 거리를 누비는 모습이 이제는 전혀 낯설지 않다.

건강하게 오래 사는 건 동서고금 누구나 바라는 꿈이다. 이에 반박할 사람은 거의 없을 것이다. 하지만 사람마다 차이가 있겠지만 90세, 아니 100세를 넘기고도 건강한 사람은 그리 많지 않다. 겉으로는 정정해 보여도 속까지 건강하리라는 보장은 없다. 그러면 건강하다는 건 어떤 상태를 말하는 걸까? 혼자 힘으로 걷고, 혼자 힘으로 일상생활을 해내고, 정신도 온전한 상태라 할 수 있겠지만, 90세를 넘기고도 이런 상태를 유지하는 노인은 드물다. 장수 노인을 모델로 내세운 텔레비전 광고에 나오는 사람들 정도일까? 아니, 생각해보니 꼭 그렇지도 않은 것 같다. 100세(1992년 당시) 쌍둥이 할머니로 유명 연예인 못지 않은 인기를 누렸던 킨 씨와 긴 씨도 방송 녹화를 마치고 나면 완전히 녹초가 되었다고 한다. 아무렴 100년이나 써온 몸인데, 젊은 사람도 감당하기 힘든 강행군을 치르고도 팔팔했다면 도리어 이상하다.

나이를 먹는다는 건 죽음을 향해 한발 한발 다가가는 것이다. 그러니 건강할 리 없다. 겉은 멀쩡해 보여도 속은 녹슬고 고장 난 데가 한둘이 아니다. 그것이 자연의 섭리다.

"아, 오래 살고 싶지 않아."

나는 늘 입버릇처럼 말해왔다. 하지만 살고 죽는 건 나의 의지대로 되는 일이 아니다. 오래 살고 싶건, 오래 살고 싶지 않건 태어났으니 나머지는 온전히 자연의 섭리에 맡길 수밖에 없다. 신이 '이쯤에서'라고 생각하면 그걸로 끝이고, '아직 멀었군'이라고 하면 아무리 건강을 해치는 생활을 한다 해도 오래 살 것이다. 생명이라는 건 내 것이면서 내 것이 아니라는 사실을 나이가 들수록 실감하게 된다.

일본인의 수명이 30년이나 늘었다

일본의 평균수명에 대한 연도별 추이를 보면 태평양 전쟁 전에는 50세에도 미치지 못했지만, 1947년에는 남성 50.06세, 여성 53.96세로 50세를 넘겼다. 2019년에는 남성 81.41세, 여성 87.45세가 되면서 양쪽 다 과거 최고치를 경신했다(후생노동성, 〈2019년 간이생명표〉).

일본은 의심할 여지 없는 장수국가다. 노후나 죽음에 대해 생각해볼 틈도 없이 죽어갔던 건 겨우 반세기 전의 이야기다. 결혼해 자식을 대여섯 명씩 낳고, 그 자식들을 다 키웠을 때쯤 마침 쉰 언저리에 이르러 삶을 마감했다. 100세 시대도 꿈이 아니라 현실이 된 지금, 나이 쉰이면 앞으로 50년은 더 살아야 한다. 더구나 하루하루 나이 들어가며 50년을 보내야 한다. 심지어 '혼자'라는 덤까지 붙는다.

"나이 드는 건 서글픈 일이야."

누가 봐도 건강하고 생기 있어 보이는 80대 여성에게 내가 30대 무렵에 들었던 이 말이 종종 떠오른다.

아직 내가 경험해보지 못한 미지의 세계, '나이 듦'이란 모험이다. 실제로 80세, 90세가 되고 나면 듣고 보지 않으면 실감할 수 없는 일이 잔뜩 기다리고 있을 터다. 어떻게 시들어가는가. 오래 산다는 것은 이를 경험하는 것임을 절절히 느낀다.

"그런 소리 마세요. 지금이 좋으면 된 거 아니에요?"

이렇게 말하는 사람도 있겠지만, 다가올 일을 충분히 대비해두고 오늘을 즐겁게 사는 삶이 더 좋지 않을까? 나는 그렇게 생각한다.

고독이 없는 인생에는
깊은 맛이 없다

어떻게 고독과 함께 살아갈까

만약 '홀로 죽음'을 비참한 죽음이 아닌, 최고의 죽음으로 만드는 조건이 있다면, 나는 '고독'밖에 없다고 생각한다. 사람들은 흔히 고독은 가까이 해서는 안 될 것으로 여기지만, 이는 착각이다. 고독은 첫울음을 터뜨리며 태어난 순간부터 짊어지고 가는 인간의 숙명과도 같기에 쉽게 떨쳐낼 수 없다. 만일 그럴 수 있는 때가 있다면 오직 죽을 때뿐이다. 생명이 다한 몸과 함께 고독도 저세상으로 떠나간다. 언제 죽어도 놀랍지 않을 나이가 되고 보니, 어떻게 고독과 함께 살아갈지가 앞으로의 문제임을 뼈저리게 느낀다.

"고독해지지 않으려면 어떻게 해야 하나요? 방법을 알려주세요."

평소 신문이나 잡지 등 여러 매체로부터 인터뷰 요청을 많이 받는 편이기는 하지만, 최근 들어 유독 이런 질문을 자주 받는다. 그럴 때마다 어디서부터 설명해야 할지 난감하다.

이렇게 묻는 기자들조차 고독을 홀로 있어 외롭고 쓸쓸한 상태로 보기 때문에 먼저 고독이 무엇인지부터 설명하지 않으면 안 된다. 마치 "혼자라서 외로우시죠?"라고 내게 묻는 것 같아 할 말을 잃게 된다.

불과 며칠 전 일인데, 30대 여성 작가의 입에서도 똑같은 질문을 받았다. 고독이라는 말을 쓸 때는 상대가 이 말을 어떻게 이해하고 있는지를 확인하지 않으면 이야기가 좀처럼 앞으로 나아가지 못한다. 돌아온 대답으로 봐서는 고독은 안 좋은 것, 무조건 피해야 하는 것으로 생각하는 듯해서 그만 말문이 막혔다. 젊은 나이인데도 옛날 사고방식에 갇혀 있다. 공부는 잘했을지 몰라도 머리는 딱딱하게 굳었다. 나는 "고독은 혼자라서 외롭고 동시에 혼자라서 자유로운 상태"라고 설명했다. 그리고 고독과 함께 살아간다는 건 "자기 혼자의 힘으로 삶을 이끌어가는 증거"라고도 말했지만, 아무래도 와닿지 않는 눈치였다.

"물론 혼자인 게 외롭고 힘들 때도 있어요. 하지만 나는 고독을 좋아해요." 내가 그렇게 말했지만 일흔 줄 할머니의 자기 위안으로 여겼을지 모른다. 왠지 내가 허세를 부리는 것처럼 보여 억울하기까지 했다. 하지만 나는 진심으로 '고독'이라는 말과 '혼자'라는 말을 좋아한다. 고독의 진짜 의미를 아는 사람은 홀로 떨어져 있어도 고립되어 있지 않고, 타인이나 공동체와 연결되어 있어도 자기만의 시간을 소중히 여기는 사람이다. 그런데 이것을 이해하지 못하는 사람이 생각보다 많다.

특히 일본인들은 고독을 피하기 위해 '인연'에 기대는 일이 더욱 많은 듯하다. 이 인연이라는 말에 일본에선 한자로 '얽어맬 반絆' 자를 쓰는데, 원래 말이나 소 등을 매는 줄이나 고삐를 가리켰다. 그러다가 사람과 사람 사이의 끊기 어려운 연결 고리, 즉 인연이나 유대로 뜻이 넓어졌다. 그러니 인연이란 말에는 얽어매고 구속한다는 의미가 바탕에 깔려 있는 셈이다. 요즘 들어 특히 인연을 중시하고 긍정적으로 여기는 분위기가 느껴지는데, 나는 어쩐지 무언가를 붙잡아두는 고삐가 먼저 떠올라 거북스럽다.

잘난 듯 이런 소리를 하는 나도 "산다는 건 참 외로워. 사는 게 무슨 의미가 있을까?" 하며 절망의 늪에 빠져 허우적거리는 일이 허다하다. 짙은 어둠 같은 외로움 속으로 자신을 밀어 넣는 건 쉽다. "내겐 아무도 없어"라며 한탄하는 건 더 쉽다. 누구나 그럴 수 있다. 하지만 외로움을 안고서 희망의 빛을 찾아내는 것은 고독의 진짜 의미를 아는 사람만이 가능하리라.

'재택 홀로 죽음'과 '홀로 죽음'의 차이

최근 '재택 홀로 죽음'이 대중의 관심을 끌고 있다. 홀로 죽음을 맞는다는 점에서 비슷한 의미가 아닌가 싶겠지만, 내가 생각하는 '홀로 죽음'은 죽음을 맞는 장소에 초점을 두지 않는다는 점에서 서로 다르다. 나는 집에서 죽든, 길에서 죽든, 노인홈에서 죽든 임종 장소에는 별 관심이 없다.

그 사람이 고독과 함께 혼자서 어떻게 살아왔고 어떻게 삶의 마지막 순간에 이르렀는가, 즉 어떤 방식으로 삶을 살아왔느냐가 나의 가장 큰 관심사다.

누군가의 죽음이 "자기 삶을 자기 방식대로 살아왔기에 멋지게 홀로 죽음을 맞이할 수 있었구나" 하는 깨달음을 준다면, 우리는 이 깨달음을 통해 자신의 일상을 되돌아보고 삶의 방식을 가다듬을 수 있지 않을까. 잘 설명은 못 하겠지만, 무슨 말을 하고 싶은지 아는 사람은 알 것이라 믿는다.

앞에서 언급한 30대 여성 작가는 고독이라는 단어는 알고 있어도, 아직 나이가 젊어서 그런지 나의 의도를 깊이 이해하고 있지는 못한 것 같았다. 나도 30대일 때는 나 자신의 행복밖에 모르는 바보였으니 사실 젊은 사람에게 뭐라고 할 처지도 못 된다.

다른 동물과 달리 인간의 수명이 100여 년에 이르는 까닭은 그만한 긴 세월을 보내지 않고서는 '산다'는 것의 의미를 깨달을 수 없기 때문일지 모른다.

사람마다 다르겠지만, 나이 듦과 죽음이 시야에 들어오는 그때야 비로소 고독을 이해할 수 있으며, 태어날 때부터 지니고 있는 고독과 진정한 대화를 나눌 수 있지 않을까 싶다. 내 경험에 비추어 보면 그렇다.

너무 고독에 관한 이야기만 늘어놓으면 남과 어울리기 싫어하는 사람처럼 보이겠지만, 나는 결코 사람을 싫어하지 않는다. 한 단체를 운영하고 있는 사실만 봐도 알 수 있듯이, 사람들이 모여드는 것도 싫어하지 않는다. 오히려 좋아하는 편이다. 끈끈한 인간관계를 맺는 것이 거북할 뿐이다. 너무 가까워지지 않도록 사회적 거리social distance*를 유지하는 정도의 관계가 내게는 부담이 없다. 사람들과 쉽게 만날 수 없게 되자 한편으로 편하기도 하지만 또 한편으로 어딘가 부족함도 느꼈다. 그럴 때는 누군가 곁에 있어 주기를 바라기보다, 새들을 가만히 바라보고 꽃들을 찬찬히 들여다볼 나만의 시간을 갖기 위해 강변에 나가곤 한다.

---

* 문화인류학자 에드워드 홀이 저서 《숨겨진 차원》에서 제시한 개념. 사람의 공간은 인간관계에 따라 밀접 거리, 개인적 거리, 사회적 거리, 공적 거리 네 가지로 구분할 수 있는데, 그중 사회적 거리는 사회생활을 할 때나 공공장소에서 유지하고자 하는 거리로, 개인의 공간을 유지하면서 사회적 활동을 할 수 있어 편하게 느낀다고 한다.

고독과 친해지면 행복해진다

'혼자'는 외로울까

일본인들은 원래 고독을 못 견뎌 하는 민족인 건지, 혼자는 외롭다고 단정 짓는 경향이 있다. 최근에는 그렇지 않지만, 나 또한 "혼자서 외롭지 않아?"라는 말을 자주 들었다.

실제로 30대의 나는 외로웠다. 주위 사람 대부분이 결혼해서 새로운 가정을 꾸렸는데, 나는 여전히 혼자였다. 나와 같은 싱글이었던 친구도 어느 틈에 결혼하더니 기혼자 대열에 합류했다. 그러고선 "혼자서 힘들지. 외롭지 않아?"라며 천연덕스럽게 묻는다. 결혼하기 전까지만 해도 서로의 상처를 보듬어주며 힘이 되어주었던 친구였는데 말이다.

그때를 다시 떠올리기만 해도 정말 진저리가 나는 게 나는 서른을 넘긴 나이인데도 어떻게 살아야 할지 몰라 헤매고 있었기 때문이다. 열에 아홉이 결혼하는 시대에 나만 여전히 인생의 갈피를 정하지 못하고 어느새 혼자 뒤처지게 됐다고 생각하니 초조해서 견딜 수가 없었다. 남편 없음, 일 없음, 돈 없음. 없음, 없음, 없음의 3종 세트. 나는 뭘 하는 사람이지? 정말 바보인가? 그렇게 매일매일 자책했다. 밤이 되면 괜스레 눈물이 났고, 건널목을 보면 뛰어들고 싶은 충동에 휩싸였다.

겉보기엔 화려했지만, 늘 마음은 우울했다. 뾰족한 바늘로 찌르면 물이 빠져 납작해지는 물풍선 같았다. 고독한 마음을 메우기 위해 시시한 남자와 사귀었던 것도 그즈음이다. 둘이 함께 있어도 내 고독은 단 한순간도 달래지지 않았다. 그런데도 다시 혼자가 되는 게 두려워 애써 관계를 이어갔다.

누구나 나이를 먹을수록 현실적으로 되게 마련이다. 고독한 인생이 되는 것을 피하려고 적당히 타협해서 결혼하는 사람도 숱하게 봤다. 아니, 고독이 뭔지 느낄 필요도 없이 인생의 정해진 행로를 따라가는 사람이 사실 부지기수다. 당시는 혼자 사는 사람이 흔치 않았던 시대였던 만큼 지금과는 분위기가 사뭇 다르지만, 나의 30대를 돌이켜보면 아마 나만큼 지독하게 고독했던 사람도 없지 않았을까 싶다.

그런 고독의 늪에서 허우적거리는 가운데 작가로 데뷔할 수 있었던 건 기적이라고밖에 달리 말할 수 없다. 분명, 보다 못한 고독의 신이 구조선을 보내준 것 같다.

40대, 50대에는 감사하게도 일을 하느라 정신없이 바쁘고, 매일매일 성실하게 살았기 때문에 고독에 대해 생각해본 적이 없었다. 살 집도 있고, 일도 있고, 조금이나마 저축도 할 수 있었다. 친구도 생겼다. 원래 작가를 꿈꿨던 건 아니었지만, 덕분에 경제적으로도 자립할 수 있었다.

고독은 나의 친구

하지만 환갑을 맞고서 봉인되어 있던 그 고독이 또다시 얼굴을 내밀었다. 외로움이 바람처럼 가슴에 불어닥쳤다. 자립은 했어도, 지금은 괜찮아도, 조금 더 나이를 먹었을 때 혼자서 당당하게 살아갈 수 있을까? 혼자 사는 노후는 그리 녹록지 않은 게 아닐까? 이런 것들을 실감하게 하고, 또한 여실히 드러내는 현실을 마주하게 되었다.

사는 집은 두고, 다른 곳에 단기간 머물 집을 빌리려고 부동산에 문의했는데, 글쎄 거절을 당했다. 왜 안 되냐고 묻자 환갑이 넘은 나이에 혼자 살기 때문이란다. 뒤통수를 세게 얻어맞은 것 같았다. 내 나름대로는 자립해서 살고 있다고 믿었는데, 세상은 인정해주지 않았다.

자식이 없으면 늘그막에 이런 꼴을 당하게 되는 걸까? 이대로 나이를 먹으면 어떤 취급을 받게 될까? 가족이 없는 나는 결국 찬밥 신세가 될 것이다. 아니 이미 찬밥이다.

60대에는 나 자신의 고독과 어떻게 마주해야 할지를 모색했다. 종교의 도움이 필요하다고 느껴 절에도 다녔다.

그리고 일흔 살이 되고 본격적으로 노년기에 접어들게 되자 '고독이 두렵다'에서 '고독을 사랑하자'라고 마음이 바뀌기 시작했다. 샹송 가수 조르주 무스타키가 〈나의 고독〉이라는 곡에서 "난 전혀 외롭지 않아. 고독이 함께하니까"라고 노래했듯이, 고독을 친구 삼아 살아갈 수밖에 없다는 사실을 깨달았다.

이를 깨닫고 나서는 스스로도 놀랄 만큼 누군가를 필요로 하지 않게 되었다. 예전에는 혼자라는 것에 외로움을 느끼거나 가족이 있는 사람들을 볼 때면 행복해보여 부러워하기도 했다. 그러나 지금은 전혀 그렇지 않다. 오히려 그 반대다. '혼자라서 좋다!'고 진심으로 기뻐할 수 있게 되었다.

내 주변 친구들도 마찬가지다. 지금은 사이좋게 지내는 친구가 있지만, 앞으로도 평생 함께할 거라고는 생각하지 않는다. 그렇게 되면 좋고, 그렇게 안 돼도 괜찮다. 비영리단체를 운영하고 있는 덕분에 내 주변은 항상 사람들로 북적인다. 각별히 친한 사람은 없지만, 이 정도의 인간관계면 충분하다.

옛날에는 그토록 누군가가 내 곁에 있어 주길 바랐는데, 이제는 '아무도 없어도 괜찮다'는 마음이 들게 되었다. 이러한 심경의 변화를 겪어온 나를 스스로 위로해주고 싶다.

그리고 더는 누군가 곁에 있어 주길 바라지 않게 되면서 다른 사람들에게도 아주 조금이기는 해도 다정해졌다. 아무하고도 만나지 않고, 음악도 듣지 않고, 집에서 가만히 혼자 있을 때면 마음이 차분해진다. 전문가의 말로는 70대는 몸이 가장 안정되는 시기라고 하는데, 마찬가지로 마음도 안정된다는 사실을 경험으로 알게 되었다.

행복은 남이 아니라 내가 정하는 것

혼자는 외롭다? 혼자는 자유롭다?

'혼자는 외롭다'라는 편견이 언제 어디서부터 사람들 마음에 깊히 뿌리박히게 되었는지 모르겠지만, 그래서인지 많은 사람이 남에게 의존하지 않고 혼자 살아가는 삶이 얼마나 멋진 일인지 모른 채 생을 마감한다. 내게도 외로움이 얼굴을 내밀고 마음이 일렁이는 순간이 시시때때로 찾아온다.

'혼자는 외롭다'고 생각하는 건 '누군가 곁에 있으면 좋겠다'는 마음이 그 기저에 깔려 있기 때문이다. 누군가를 필요로 하지 않으면, 혼자 있어도 외로움이라는 감정은 생겨나지 않는다.

젊은 시절 그토록 외로웠던 것은 누군가와 함께하기를 원하고, 또 그것으로 텅 빈 마음을 메우려고 했기 때문이 아닐까?

곁에 아무도 없다는 것, 혼자라는 것은 나이를 먹어가면서 외로움이 아니라 해방감을 주는 것으로 바뀐다. 이런 건 실제로 그 나이가 되어보지 않으면 결코 알 수 없는 것이다.

'외롭다', '비참하다'고 단정해서는 안 된다

"혼자이다 보니 노후가 걱정돼요."

내가 40대였을 때 내 인생의 스승이었던 분에게 속마음을 털어놓은 적이 있다. 그분은 웃음을 지으며 이런 말을 들려주었다.

"어머, 아직 아가씨라서 모르나 보군요. 사실 가족도 친척도 없는 사람이 가장 행복하답니다."

"무슨 말씀이시죠?"

순간 발끈하는 마음이 들었는데, 그녀는 여전히 웃는 얼굴로 말을 이었다.

"친인척만큼 귀찮은 존재도 없어요. 내 소원은 하루빨리 혼자가 되는 거랍니다. 시어머니도 돌아가셨고 이제 제 옆에 남은 사람은 남편뿐이에요. 그날이 얼마나 기다려지는지 몰라요. 물론 남편을 존경하지요. 하지만 혈혈단신만큼 자유롭고 멋진 건 없어요."

인간관계만큼 귀찮은 것도 없다. 인연을 끊을 수 없는 가족

만큼 골치 아픈 것도 없다. 마침 내가 혼자의 몸이니까 "혼자서 자유롭게 지내요" 하고 그녀는 내게 일러주었다. 그러나 그때는 아직 젊어서 전혀 이해를 못 했지만, 이제 와서 보니 그 말의 의미를 충분히 알겠다. '사람'도 그렇지만 그 이상으로 자신의 인생을 빛나게 해주는 것이 '자유'임을 말이다.

그때 내 오랜 고정관념이 깨졌다. 노인이라서, 혼자라서, 병이 나서, 이웃과 교류가 없어서 외롭다고 단정 짓는 건 잘못임을 깨닫게 되었다. '남의 불행은 나의 행복'이라고들 하지만, 남이 보기에 불행해 보여도 본인은 불행하지 않을지도 모른다. 아니 반대로 남이 행복한지 어떤지 신경 쓰는 자신이 불행한 것일지도 모른다.

다른 사람이 보기에 아무리 힘든 열악한 상황일지라도, 본인이 행복하다고 느낀다면 행복한 것이다. 행복에도 여러 가지 형태가 있다. 처한 상황으로만 판단해서 '이 사람은 외롭다', '저 사람은 비참하다'라고 단정하는 것은 잘못이라고 나는 진심으로 반성했다. 자신의 가치관으로 타인을 평가해서는 안 된다. 남의 일은 아무래도 좋다. 나 자신에게 집중하고 싶다.

국가별 '고독'에 대한 인식차,
독일 vs. 일본

'인간은 원래 고독하다'는 것을 아는 독일인

당연한 말이지만 아메리카, 유럽, 아시아, 아프리카 등 전 세계 모든 사람이 수명의 차이는 있어도 모두가 반드시 죽는다. 지금은 허리를 꼿꼿이 세우고 당당하게 걷는 젊은이도 언젠가 반드시 노인이 된다.

그런데 노인이 되는 것은 똑같다 해도, 나라마다 큰 차이가 있음을 나는 유럽의 노인복지시설을 시찰하러 갈 때마다 뼈저리게 느낀다.

이러한 차이는 왜 나타날까? 단순히 수렵민족과 농경민족의 차이로 넘어갈 이야기일까? 일본인만큼 고독을 두려워하는 민족도 없다는 생각을 떨칠 수 없었다.

미리 말해두건대, 내가 생각하는 일본인의 장점은 여기에 다 언급할 수 없을 정도로 많고, 해외에 나가서는 일본의 훌륭한 문화를 자랑스럽게 여긴다. 하지만 일본인만큼 자기답게 살아가는 '자기다움'을 갖추지 못한 사람들도 없다는 사실을 유럽에 갈 때마다 절감한다. 그와 동시에 유럽이나 미국 외에 다른 나라에는 가보지 못했지만, 일본인만큼 고독을 회피하려고 하는 민족도 없지 않나 생각한다.

왜 일본 노인들이 유독 더 외로워 보이고, 실제로 외롭게 지낼 수밖에 없을까? 길을 오가는 노인들을 관찰하다 보면, 모두 무표정하게 발치를 내려다보며 힘없이 걷는다는 것을 알 수 있다.

지팡이를 짚고 걸어가는 노인의 얼굴에는 생기가 전혀 없다. 얼굴은 그늘져 있고, 입고 있는 옷은 칙칙하고, 서로가 인사를 나누는 일도 없다. 그저 산다. 내 눈에는 영락없이 그렇게 보인다.

"저렇게 되고 싶지 않아", "늙는 건 정말 끔찍해" 하는 소리가 나도 모르게 입 밖으로 흘러나온다.

반면, 유럽에 가서 보면, 공원 벤치에 앉아 있는 노인들의 얼굴에는 생기가 넘친다. 생글생글 웃는 얼굴을 하고 있어서인지 일본의 노인들처럼 외로워 보이지도 않는다.

가족들에게 둘러싸여 지내는 덕분인가 했더니 그것도 아니다. 예를 들면 독일에서는 대부분의 노인이 혼자 산다.

혼자 살고, 고령인데도 그들의 삶은 비참하지 않다. 왜 그럴까? 앞에서도 말했지만 '자기다움'을 갖추고 있는 국민과 '자기다움'을 갖추지 못한 국민의 차이에서 비롯된다고, 내 나름의 결론에 도달했다. 달리 말하자면 '자립한 국민'과 '자립하지 못한 국민'의 차이다.

'자립'과 '고독'은 한 쌍

내가 시찰차 방문했던 당시 독일에서는 어릴 때부터 스스로 생각하고 결정하게 하는 교육이 이루어지고 있었다. 일본에서는 자녀의 진로를 대개 부모가 결정하지만, 독일의 경우는 아이들 스스로가 결정한다.

최근 몇 년 사이 다소 변화가 있는 듯하지만, 당시 독일에서는 일반적으로 초등학교를 졸업하는 만 열 살에 진로를 결정했다. 상급 학교의 종류는 세 가지인데, 대학 진학을 목표로 하는 '김나지움(인문계 중등학교)', 직업 기술을 중점적으로 배우는 '하우프트슐레'(직업학교), 그리고 김나지움과 하우프트슐레 중간에 해당하는 '레알슐레' 중 한 곳으로 진학한다. 나아가 대학 역시 학생의 능력에 따라 진학하는 대학이 결정된다. 의사의 아들딸이 꼭 의사가 된다고 장담할 수 없다. 또한 독일이나 네덜란드에서는 '18세가 되면 집을 떠나 혼자 산다'는 관습이 있으므로, 아무리 넓은 집에 사는 유복한 가정의 자녀라도 18세가 되면 자립하는 경우가 대부분이다. 요컨대 독일이나 네덜란드에서는 인간으로서 '자립'하는 시기가 비교적 이르다.

이처럼 이른 시기부터 자기가 가야 할 길을 스스로 생각해서 결정하고, 그에 따른 책임 역시 스스로 지며, 자립해서 혼자 세상을 살아갈 수밖에 없기 때문에, 고독에 대해 어릴 때부터 배우고 또 그것이 몸에도 배어 있는 것 같다. 독일에서는 '인간은 원래 고독하다'는 생각을 누구나 갖고 있다. '자립'과 '고독'은 한 쌍이라는 사실을 알고 있기 때문이다.

모든 것을 남에게 맡기고 자기 스스로 결정하지 못한 채 살아온 사람들에게 해주고 싶은 말이 있다. 자기다움을 갖추지 못하고, 내적 자립을 하지 못한 일본인들은 무리에서 떨어져나와 '혼자'가 되는 것을 두려워하지만, 모든 것을 자기가 스스로 결정하고 책임지며 살아온 독일인들은 '인간은 원래 혼자'라는 인식이 강하기 때문에 고독을 자연스레 받아들이고 즐겁게 살아갈 수 있는 것이다.

이와 관련해 독일에서 살고 있는 친구에게 물었더니 "독일에서는 고독하다고 한탄하는 노인을 본 적이 없어. 일본의 노인들은 '인간은 원래 혼자'라는 걸 알지 못하나 봐. 학력은 높아도 인생을 제대로 배우지 못한 사람이 많은 것 같아" 하며 웃었다.

안심하고 노후를 보내려고
시설에 들어갔지만

'마지막까지 내 집에서'는 간단하지 않다

혼자 사는 게 불안하고 힘들어지면 유료 노인홈에 들어가고자
하는 독신 여성이 적지 않다. 하지만 "여기라면 호텔 못지않게
좋을 것 같아"라고 생각했다가도 비용을 확인하고 나면 "도저
히 엄두가 안 나"라며 포기하는 경우도 허다하다.

　정말 비싸긴 비싸다. 부모에게 유산을 물려받았거나 젊었을
때 많이 벌어놓은 사람들에게만 허락되는 금액이다. 더구나 몇
천만 엔[몇 억]이나 되는 큰돈을 입주금으로 내고도 다달이 관
리비를 십수만 엔[일이백만 원] 가까이 내야 한다니, 노인들의 약
점을 잡아 돈벌이를 할 속셈이냐고 따져 묻고 싶을 정도다.

　SSS네트워크의 회원들을 보고 있자면, 아무리 몸이 건강하

고 정신이 온전하다 해도 80대에 접어들면 몸과 마음이 쇠약해짐을 스스로도 뚜렷하게 느끼게 되는 것 같다.

멋지게 '홀로 죽음'을 맞겠다고 큰소리치는 나 역시 고작 감기에 걸리는 정도에도 불안해지곤 한다. 70대이니 그럭저럭 버티고 있지만, 80대가 되어서도 지금처럼 맑은 정신으로 지낼수 있을지 솔직히 자신이 없다. 하루하루 늙어가니 몸이든 마음이든 지금보다 나빠지면 나빠졌지 좋아질 리는 만무하지 않은가. 정말이지 앞일을 생각하면 우울해진다.

SSS네트워크 회원 중에서도 70대에 접어들자마자 앞으로 닥칠 일을 생각해서 유료 노인홈에 입주하는 사람이 더러 있다. 다른 사람의 도움 없이 일상생활이 가능하고 건강한 사람들은 자립형 유료 노인홈을 선택한다. 일찌감치 들어가 마음 편히 즐겁게 지내고 싶다는 이유에서다. 요컨대 다른 사람에게 보살핌을 받아야 하는 상태가 되기 전에 마지막 거처를 확보해 두려는 것이다.

가족이 없는 독신의 경우에는 죽는 순간까지 자기 집에서 지낸다는 게 그리 간단한 문제가 아니다. 그러니 안심하고 노후를 보낼 수 있는 장소를 하루빨리 확보해두는 것이 현명한 선택이라 할 수 있다.

유료 노인홈은 뭘 보고 골라야 할까

얼마 전 80세가 된 요코 씨가 주소가 변경됐다는 메일을 보내와서 깜짝 놀랐다. 왜냐하면 그녀는 모두가 부러워하는 고급 유료 노인홈의 입주자였기 때문이다. 이런 말을 하면 실례이겠지만, 메일을 받고 가장 먼저 든 생각이 '만약 요코 씨가 이사한다면 다음 주소지는 분명 하늘나라일 텐데'였다. 그런데 5년간 지냈던 유료 노인홈에서 나와 고령자용 주택으로 이사했다고 하니 이해가 잘 안 갔다. 그런 좋은 유료 노인홈에서 나오다니 대체 무슨 일이 있었던 걸까?

궁금해진 내가 전화를 하자 요코 씨는 흔쾌히 그간의 사정을 이야기해줬다.

그간 독신으로 살아온 요코 씨 나이 일흔다섯에 어머니가 돌아가셨는데, 그 일을 계기로 자기의 마지막이 될 거처를 찾아봐야겠다는 생각이 들더란다. 야무진 분이라는 걸 전화 통화만으로도 알 수 있었다. 노인홈 여러 곳을 꽤 알아보고, 평가도 찾아보고, 2~3일씩 머무르며 노인홈 생활을 직접 해보는 체험 입주도 몇 차례 거친 끝에 그 고급 유료 노인홈에 입주하기로 결정했던 건이다.

"그런데 왜 옮기게 되셨어요?"

내가 묻자 억울한 심정을 털어놓고 싶었던 듯 요코 씨는 마치 봇물이 터지듯 이야기를 쏟아냈다.

"주변의 자연경관도 빼어나고 겉보기엔 나무랄 데가 없는 곳이었어요. '청정 고원의 명품 호텔 같은 쾌적함을 누리며 마지막까지 편안히 지낼 수 있도록 해드립니다'라는 광고를 철석같이 믿고 들어갔건만, 순전히 말뿐이었어요!"

비용이 싼 노인홈이라면 그런 일도 있을 수 있겠지만, 고급 호텔 같은 그 노인홈이 어째서? 나는 귀를 의심했다.

그녀의 말은 이랬다. 입주자 가운데 다소 몸이 불편해진 사람이 있다고 하자. 그러면 지체 없이 요개호 인정을 받게 한 다음 지정된 요양사에게 모든 돌봄을 떠맡긴다고 한다. 몸이 불편해졌다고 해도 노화 때문에 몸이 약해진 정도인데, 그곳 직원은 전혀 도와주지 않는단다. 식사를 가져다주는 것조차 하지 않는다고 한다. 돌봄이 필요하면 자신이 직접 요양사를 부르라는 뜻이다. 비용은 물론 본인 부담이다.

예를 들어, 골절로 입원했다가 돌아온 입주자도 돌봐줄 생각을 안 한다고 한다. 왜 안 도와주냐고 물어보자 "이곳은 자립동이니까요"라며 핑계를 대더란다. 그런 일이 부지기수로 벌어지다 보니 여기에 있다가는 어떤 꼴을 당할지 모르겠다 싶어 손해 볼 각오로 퇴거했다고 말했다.

이 유료 노인홈에는 스스로 일상생활이 가능한 노인이 입주하는 '자립동'과 별도의 돌봄이 필요한 노인을 위한 '돌봄동'이 있다. 만약의 경우를 대비해 '돌봄동'을 따로 두고 그렇게 해서 '자립동' 노인들을 안심시켰다. 자립동에서 생활하다 힘들어지면 바로 옆의 돌봄동으로 가면 된다는 식으로 말이다. 하지만 오히려 '돌봄동'이 있는 탓에 이런 폐단이 생겼구나 싶어 아찔했다. 타인에게 몸을 맡긴다는 건 이런 것인가? 물론 세상에는 입주자를 극진히 돌보는 훌륭한 유료 노인홈도 많다. 입주하게 되어 행복하다고 말하는 사람도 꽤 많다. 하지만 요코 씨가 경험한 곳과 같은 노인홈이 있는 것도 사실이다.

불쌍한 노인도 여럿 있었다고 말했다. 나이 들어 깜빡깜빡하는 일이 잦아졌을 뿐 치매가 온 게 아니라서 개인 공간에서 충분히 평소대로 지낼 수 있는데도 돌봄동으로 옮겨진 사람도 봤다고 한다. 노인홈 관리 측은 그렇게 자립동에 방을 하나 더 만들어 돈을 벌려는 속셈이다.

부모가 함부로 취급받는 모습을 보다 못한 아들딸들이 다시 집으로 모시는 경우도 흔하게 봤다고 한다. 그러나 자녀가 있는 사람은 퇴거라도 할 수 있지만, 돌봐줄 사람이 없는 독신은 관리 측의 말에 따를 수밖에 없다.

"그곳으로 결정한 건 일생일대의 실수였어요!" 울화가 치민 듯 요코 씨의 목소리가 높아졌다.

"홈페이지나 팸플릿에 쓰여 있는 '청정 고원의 명품 호텔 같은 쾌적함을 누리며 마지막까지 편안히 지낼 수 있도록 해드립니다'라는 이 광고는 다 뭔가요! 이런 사기도 없습니다." 그녀는 다시 울분을 터뜨렸다.

유료 노인홈을 선택할 때 주변 경관이 좋아서, 방이 넓어서, 사우나실이 있어서, 식당이 있어서와 같은 외적인 면에 먼저 눈이 가기 쉽지만, 어떤 사람이 관리하고 있는지가 가장 중요하다고 강조했다.

체험 입주를 했을 때도 사우나실에서 만난 입주자에게 "여기 어때요?"라고 물어봐도 뒷말하다 괜히 관리자에게 찍히면 대우만 더 안 좋아지니 대부분의 사람이 "편하고 좋아요"라고만 건성으로 대답했다고 한다.

노인홈을 선택할 때는 시설물뿐만 아니라 경영자의 철학과 인품을 보고 선택하라는 건 좋은 조언이지만, 거기까지 간파할 수 있을지가 문제다. 타인에게 몸을 맡긴다는 것은 그곳이 고급이든 아니든, 관리자의 명령에 무조건 따라야 한다는 뜻일지도 모른다. 본인은 돈을 주고 안심할 수 있는 노후 생활을 샀다고 생각하겠지만, 타인의 관리 아래 지내게 된다는 사실을 충분히 이해한 뒤에 계약하는 것이 좋다.

요코 씨는 유명하다고 해서 덜컥 입주했다가는 나중에 큰코다칠 수 있다고 충고했다. 입주자는 대부분 자기 집을 팔고 입주하기 때문에 퇴거도 못 하고 울며 겨자 먹기로 눌러앉을 수밖에 없기 때문이다.

그러고 보니, 이래저래 10년 전의 일인데 말 그대로 호텔 같은 유료 노인홈을 취재했을 때가 떠오른다. 관리 측의 허락을 얻어 돌봄동을 둘러보았을 때의 일이다. 직원이 자랑스러운 얼굴로 안내해준 일을 지금도 기억한다.

자립동과 돌봄동을 나누는 묵직해 보이는 문 앞에 섰을 때, 나는 마치 감옥으로 들어가는 기분이 들었다. 치매를 앓는 사람이 돌봄동 밖으로 나가지 못하게 하기 위해서라는 건 알겠는데, 마음이 돌덩이처럼 무거워졌다.

안으로 들어가자, 거기에 있던 대부분의 노인이 의자에 앉아 초점 없는 눈으로 허공을 바라보고 있었다. 아무런 대화도 오가지 않는다. 마치 노인을 본뜬 인형을 벤치에 앉혀둔 것 같은 모습이었다. 돌봄동으로 옮겨지고 나서 상태가 더 나빠졌을지도 모른다. 만약 그분들이 본인들의 집에서 지내고 있었다면 어땠을까? 안심하고 여생을 보내고 싶어서 입주한 노인홈이 주위와 고립되어 돈벌이 대상으로 전락하게 되는 것이 현실이 아닐까 싶어 무척 걱정스러웠다.

모두가 다 그렇지는 않겠지만, 노인홈에 들어간다면 멋진 '홀로 죽음'을 맞이하기는 힘들지도 모르겠다.

04

홀로 죽음을 맞이한
사람들에게서 배운 것

홀로 평생을 살아왔지만
—수도권 아파트에서 혼자 사는 유코 씨의 사례

꽃 같은 웃음을 피워내던 사람

유코 씨가 세상을 떠난 건 2019년, 그녀의 나이 72세 때다. 조금 이른 감이 있지만, 그녀는 누구보다 자신의 인생을 즐겁고 충실하게 살았다.

SSS네트워크가 2000년 독신 여성을 위한 합동묘 조성 사업을 시작한 이래로 합동묘에 뜻을 같이하려는 신청자가 꾸준히 늘면서 자연히 단체 가입자도 늘어왔다. 암 환자였던 유코 씨도 그중 한 명이다. 그녀를 처음 만난 것은 1년에 한 차례씩 그해에 세상을 떠난 고인의 명복을 비는 합동추도회에서였다.

조금 서먹한 분위기에서 유코 씨가 얼굴 가득 웃음을 띠며 다가왔을 때 '어쩜, 웃는 얼굴이 너무 예쁘네. 활짝 핀 꽃 같아'

라고 생각했다. 그녀가 내게 말했다.

"마츠바라 씨, 안녕하세요! 암 환자 유코입니다."

"아, 가입신청서에 '암 환자입니다'라고 쓰셨던 분이군요. 이제껏 그렇게 써낸 분이 없어서 기억하고 있어요. 암 환자 유코 씨."

밝은 그녀에게 이끌려 나도 밝게 대답했다. 제 입으로 병명을 말하는 사람도 드물뿐더러 큰 병에 걸린 사람에게서 느껴지는 비장함 또한 눈곱만치도 없었다. 마치 "새로 이사 온 유코입니다"라고 말하는 것처럼 가볍고 경쾌한 말투였다. 나도 그만 덩달아 웃으며 몸은 좀 어떠냐고 묻자, 그녀는 이번에도 밝게 대답했다.

"사실 언제 죽어도 이상하지 않은 몸이래요."

눈이 둥그레진 나를 보고 그녀는 더욱 밝은 얼굴로 말했다.

"그래서 매일 최선을 다해 살고 있어요. 마츠바라 씨가 늘 말했잖아요? 다가올 일을 걱정하기보다 살아 있는 지금을 즐기는 게 최고라고요. 그래서 저도 그렇게 살아가기로 했답니다."
그리고 내게 그 말을 전하고 싶어서 합동추도회에 참석했다고 말했다.

"저 이번에 피스보트Peace Boat*에서 하는 세계 일주 크루즈 여행도 신청했어요. 알래스카를 출발해 아르헨티나까지 석 달에

---

* 세계의 평화와 인권 증진, 지구 환경의 보호 등을 목적으로 1983년 설립된 일본의 국제적인 시민단체

걸쳐 아메리카 대륙을 종단하는 여정이라네요. 비용이 1,000만 엔[1억 원]이나 들지만, 아무렴 어떤가 싶더라고요."

이야기를 듣자니, 이번 여행뿐만 아니라 아시아 일주 크루즈 여행, 대서양 횡단 크루즈 여행 등 집에 있을 시간이 없을 정도로 세계 이곳저곳을 돌아보고 있었다.

그녀의 말로는 크루즈 여행이 집에 있는 것보다 돈이 덜 든다고 한다. 줄곧 배 안에서 지내기 때문에 친구도 쉽게 사귈 수 있고 말이다.

자식과는 절연 상태

유코 씨는 기혼자로 딸이 있다. 결혼한 지 10년 만에 이혼한 뒤로는 얼굴을 보지 못한 모양이다. 혼자가 되면서 그녀는 스스로를 먹여 살리기 위해 쉼 없이 일했다. 이혼한 여성이 경제활동을 하며 자립하기란 말처럼 쉽지 않은데, 비록 좁고 낡은 아파트이긴 해도 자신의 집을 마련할 만큼 열심히 살아왔다.

"처음에는 힘들었지만, 지금 생각해도 이혼은 참 잘한 것 같아요. 이혼한 후로 제 인생이 술술 풀렸거든요. 아마 가족과 떨어져 혼자가 되면서 저 스스로 선택하고 제 뜻대로 살아갈 수 있는 자유를 손에 넣은 덕분이겠지요."

암이 발견된 것은 68세 때였다. 아무런 자각 증세가 없었기 때문에 9시간에 걸친 대수술을 받으면서도 '이게 정말 나에게 일어난 일인가' 믿기지 않았다고 한다. 하지만 다행히 신뢰할 만한 좋은 의사를 만난 덕분에 지금처럼 하루하루를 소중하게 여기며 보낼 수 있게 됐다고 말했다.

수술을 해준 의사와 SSS네트워크에서 알게 된 '무덤 친구'가 그녀에게 큰 의지가 되었다는 말에 나는 조금 기뻤다. 어른이 된 다음 친구를 만들기란 여간 어려운 게 아니라서다.

특히 나도 그렇지만 혼자 살아온 사람은 자기 주관이며 자기 방식이 확고해서 좀처럼 친구를 사귀기 쉽지 않다.

죽음을 맞기까지의 경과

그토록 원기 왕성하게 하루하루를 보내던 유코 씨에게 이변이 생긴 것은 대수술을 받은 지 3년 만인 71세 때였다. 갑자기 허리에 통증을 느껴 병원에 가서 이런저런 검사를 받았는데, 의사에게 암 말기 선고를 받고 당장 그 자리에서 입원까지 했다. 재발이었다. 가장 우려했던 일이 일어난 것이다.

한 달 후, 유코 씨는 퇴원했지만 몸 상태가 날로 안 좋아졌다. 하지만 나는 그날 합동추도회에서 만난 이후 유코 씨를 만나지 못했기 때문에 그녀가 어떤 상태인지 전혀 알지 못했다.

그러던 어느 날, 그녀가 우리 단체의 사무국을 방문하고 싶다기에 만날 약속을 잡았다. 그런데 약속한 날이 가까워지자 그녀에게 다시 연락이 왔다. 몸이 좋지 않아 방문 날짜를 뒤로 미루고 싶다고 했다. 그녀는 아파트에서 혼자 살고 있었다. 많이 아픈 거 같은데 곁에서 보살펴줄 사람은 있을까? 아니면 혼자 끙끙 앓고 있을까? 안절부절못하게 된 나는 다음 날 직원과 함께 유코 씨 집으로 향했다. 와달라는 부탁을 받은 것도 아닌데 말이다.

우리 단체는 혼자 사는 사람들을 대상으로 한 '행복한 노후를 위한 공부 모임'이 중심이다 보니 회원들의 신원보증인이 되어주거나, 건강을 살피는 활동은 하지 않는다. 그러니 회원의 집으로 찾아갈 일도 없다. 그러나 유코 씨 같은 경우는 정신을 차리고 보니 어느새 그녀의 집으로 발길이 향하고 있었다.

독신인 경우 큰 병에 걸리거나 몸이 안 좋아졌을 때 과연 혼자서 지낼 수 있을까? 이것은 나 자신의 문제이기도 하다.

요코 씨 집 근처 역에 내려 필요한 게 없는지 물어보려고 전화를 했더니 "콜라 좀 사다주세요"라고 했다. 나중에 알았지만 목으로 넘길 수 있는 게 고작해야 콜라밖에 없었다고 한다. 요코 씨가 사는 아파트는 다행히 금방 찾았다. 그런데 아파트 입구에 설치된 도어록 번호판에 그녀의 집 호수를 몇 번이나 눌러 호출했는데도 아무런 반응이 없었다. 조금 전에 통화했으니 분명 집에 있을 텐데 그사이 무슨 일이 생겼나 싶어 불안했다.

도어록 때문에 들어가지 못한다

나는 그때 혼자 사는 생활의 현실을 알게 되었다. 몸이 좋지 않을 때는 도어록의 문열림 버튼을 누르는 것조차 할 수 없다는 사실을 말이다. 평소에는 미처 생각하지 못한 부분이었다. 몸이 쇠약해진다는 것은 도어록 버튼을 누르거나 현관문을 여닫는 간단한 일도 간단치 않아진다는 뜻이다.

방 하나에 주방이 딸린 작은 집이었다. 방 안은 빈말이라도 깨끗하다고 할 수는 없는 상태였다. 카펫 위에는 두툼한 약 봉투들이 여기저기 어지럽게 널려 있었다. 엄청난 양의 약이었다. 한데 그러모으면 산타클로스의 선물 보따리 정도는 되어야 다 들어갈 것 같았다.

긍정적이고 밝았던 그녀의 예전 모습은 온데간데없고 병자의 기색이 완연했다. 얼굴이 퉁퉁 부어 꼭 딴사람 같았다. 몸을 움직이는 것도 힘들어 보였다. 수액 주사를 맞고 생긴 붓기인지는 몰라도, 살이 쪄 보였다. 음식은 제대로 먹지 못하는 듯했다. 왜 콜라를 마시고 싶어 했는지 이해가 갔다.

방 한 편에 덩그러니 놓인 산소호흡기가 눈에 들어왔다. 누군가 돌봐주는 사람이 있는 걸까? 그렇다면 마음이 놓인다.

누구나 사람들과 즐겁게 수다를 떨다 보면 어느새 기운이 나듯이, 우리를 앞에 두고 그녀는 신이 난 듯 쉴 새 없이 재잘

거렸다. 그러나 같은 독신 처지인 나로서는 임종 이후의 일은 어떻게 준비하고 있는지 마음이 쓰였다.

우리 단체에서 조성한 합동묘에 묻히겠지만, 그 전에 처리해야 할 일들은 누군가에게 미리 부탁해두었을까? 병원에서 죽고 싶은 걸까? 아니면 자기 집 침대에서 죽음을 맞이하고 싶은 걸까? 특히나 혼자 사는 사람의 경우, 스스로 거동을 못하기 전에 반드시 생각해둬야만 할 일들이 한둘이 아니다. 궁금한 것이 많았지만, 도저히 죽음을 코앞에 둔 사람에게 물어볼 엄두가 나지 않았다.

말기 암 선고를 받은 상황이니 유언장 정도는 만들어뒀을 것이다. 죽음이 임박했을 때 옆에 있어 줄 사람이 있는지도 신경이 쓰였다. 그렇다고 꼬치꼬치 캐묻기도 뭣하다. 재산에 관심 있는 거로 오해받기 좋아서다. 부탁받지도 않았는데 선의의 친절을 베푸는 데는 한계가 있다.

"현금카드 비밀번호가 뭐죠? 입원하려고 할 때도 현금이 필요하니까요. 돈을 좀 찾아다 줄까요?" 본심은 이렇게 말하고 싶을 정도였지만, 딴 욕심이 있는 사람으로 오해 받고 싶지 않아서 그만뒀다. 분명 누군가에게 부탁했거니 생각했다. SSS네트워크 회원이니 자기 죽음에 대한 준비는 제대로 했으리라 믿고 싶었다.

문득 신경이 쓰여 사무국으로 돌아온 뒤 합동묘의 개인신상카드에 뭔가 쓰여 있지 않나 싶어 살펴봤다. 사망 후의 바람을 적는 란이 있기 때문이다. 거기에는 "만약의 일이 생기더라도 절대로 딸에게만은 알리고 싶지 않아요. 제가 죽더라도 절대 연락하지 말아주세요"라고 쓰여 있었다.

유언장을 써두지 않았다

우리 단체에서도 독신에게 필수인 유언장 작성에 관한 세미나는 수도 없이 열어왔기 때문에 공부할 기회는 얼마든지 있었을 텐데, 유코 씨는 지금까지 대수롭지 않게 여겼던 모양이다.

"법무사하고는 만나봤어요. 좋은 사람이더군요. 유언장 쓰는 법을 배우고 있는데 좀처럼……." 어찌나 태평한지 놀라울 따름이다. 이런 일에 서툰 사람은 많다. 그녀도 그런 사람인 것이다. 나도 마찬가지여서 이해는 간다. 그렇다 해도 죽음이 가까워졌는데, 지금 하지 않으면 언제 한단 말인가? 하지만 그녀가 부탁도 안 했는데 공연히 나서서 참견하지 않기로 했다.

그로부터 일주일 후 재택돌봄팀이 꾸려졌다는 소식이 들려왔다. 그녀가 자신의 집에서 임종을 맞고 싶어 하기 때문이다. 방문 의사, 간호사, 케어 매니저* 등이 그녀를 돌보게 됐다는

---

*돌봄 서비스를 총괄하고 조정하는 전문가를 말한다.

이야기를 들었을 때는 마음이 놓이는 한편으로 너무 늦지 않았나 싶은 생각도 들었다. 누가 팀을 지휘하게 되는지 궁금했지만, 괜한 오지랖은 부리지 않기로 했다.

재택돌봄팀과 앞으로의 일을 의논하다

그다음 날, 그녀와 관련된 사람들이 모여 앞으로의 일을 의논해보자는 이야기가 나와 나도 참석하게 되었다. 그날의 유코 씨는 고작 하루가 지났을 뿐인데도 더 쇠약해져 있었다. 전날만 해도 쉬지 않고 조잘조잘했는데, 말은커녕 제대로 된 소리조차 낼 수 없을 정도로 힘들어했다. 끙끙 신음을 내뱉으며 베개에 얼굴을 묻고 몸부림치고 있었다.

작은 방에 열 명가량이 모였다. 유코 씨는 죽음의 문턱에서 사투를 벌이고 있다. 열 명은 의견을 주고받고 있다.

"입원시키는 게 좋지 않을까요?"

방문 의사를 앞에 두고 말하자니 실례일까 싶어 머뭇거리며 내가 말하자, 재택돌봄 관계자들은 재택 임종이 가능하다고 했다. 본인이 저토록 고통스러워하는데 집에 그대로 둔다고? 나라면 절대로 싫다. 아무리 본인이 자기 집에서 죽기를 원했다 해도 상황에 따라 유연하게 대처해야 하지 않을까? 유코 씨와 가까운 사람의 이야기로는 그녀는 집에 있을지 입원할지를 두고 고민했다고 한다. 몸 상태가 비교적 좋을 때는 집에 있겠다고, 나쁠 때는 입원하겠다고 말했다는 것이다.

재택돌봄 관계자들을 나쁘게 말할 마음은 없지만, 어딘가 이상한 자부심을 갖고 있는 것처럼 느껴졌다. 자신들이 관여한 이상 다른 사람이 개입하는 것을 무척 꺼리는 듯이 보였다. 무엇보다 본인이 평온하게 눈을 감는 것이 중요하다고 생각한 나는 그대로 가만히 있을 수가 없었다.

"그럼 오늘 밤 누가 여기에 머물며 요코 씨를 돌보나요? 이 상태로 혼자 둘 수는 없다고 생각하는데요." 아무도 손을 들지 않았다. "힘들어하는 요코 씨를 혼자 있게 내버려둘 수는 없어요. 당장 입원시켜주세요." 결국 다음 날 입원시키기로 하면서 이야기가 마무리되었다.

유코 씨가 평소 다니던 대학병원이었기 때문에 그녀의 몸 상태를 잘 알고 있었던 듯 운 좋게 곧바로 입원 일정을 조정할 수 있었다. 그다음 날, 돌봄택시*가 와서 요코 씨를 태워 병원으로 데리고 가는 단계까지는 준비가 끝났다. 그런데 병원에 도착했을 때 누가 그녀를 맞이할지를 두고 다시 의논에 들어갔다. 다음 날은 평일이어서 다들 일을 하거나 용무가 있는 모양이어서 내가 할 수밖에 없겠다 싶어 손을 들었다.

---

* 혼자 거동하기 힘든 노인들의 이동을 돕는 전용 차량을 말한다.

누가 그녀 곁을 지킬 것인가

다음 날, SSS네트워크 사무국 직원과 둘이서 병원 현관에서 유코 씨를 태운 돌봄택시가 도착하기를 기다렸다.

"좋은 경험이 되겠어요." 직원이 말했다.

"그렇죠? 이건 남의 일이 아니라 우리의 일이기도 하니까요. 홀로 죽는다는 건 어떤 것인가……." 택시가 도착하고 유코 씨가 누워 있는 들것이 내려졌다. 그 이후의 일은 우리 두 사람이 하지 않으면 안 된다.

유코 씨가 평소 다니던 병원이었던 덕에 다행히 가족이 아닌 내가 입원 수속을 대신 하는 데 별다른 문제는 없었다. 병실까지 함께 갔다. 주치의의 설명을 들었지만, 그 설명이란 게 너무 어이가 없어 그만 맥이 빠졌다.

"오늘 밤이나 내일이 고비입니다."

그게 다였다. 그러고선 간호사 몇 명을 거느리고 멀뚱하게 서 있었다. 유코 씨의 주치의가 아니라, 신참 의사였기 때문에 그녀에 대해서는 잘 알지 못하는 듯했다.

우리는 여전히 '으으' 신음소리를 내는 유코 씨에게 인사를 하고 병원을 나왔다. 어느새 저녁 어스름이 사방에 깔려 있었다. 병원에서 하루를 통째로 썼지만 아깝지는 않았다. 홀로 죽는다고 해도 결국 누군가의 도움을 받지 않으면 안 된다는 사실을 뼈저리게 느끼게 해준 경험이었다.

"병원으로 옮기니 한시름 놓이네요. 아침부터 우리 둘 다 고생 많았죠? 그래도 좋은 일을 한 것 같아 뿌듯하네요. 어때요? 우리 술 한잔하러 갈래요?" 나와 직원은 의기투합해서 즐겨 가는 꼬치구이집에서 닭꼬치를 안주로 맥주잔을 부딪쳤다. 그리고 집에 도착하고 나서야 유코 씨의 부고를 알리는 연락이 왔었다는 사실을 알았다. 그녀는 공교롭게도 우리가 건배하고 있던 시간에 숨을 거둔 모양이었다.

마지막 며칠은 힘들었을지 몰라도, 유코 씨는 튜브와 줄을 몸에 매달고 고통받는 일 없이 곧바로 병원으로 옮겨지고 오래 가지 않아 숨을 거두었다. 전 세계를 여행하며 혼자의 삶을 원 없이 누렸던 유코 씨였기에 삶에 대한 미련은 없었을 것 같다.

자식에게 알리지 말라고 했지만

아쉬운 일도 있었다. 자신의 부고를 자식에게는 알리지 말아달라던 유코 씨의 바람은 이루어지지 못했다. 절연한 상태라고는 해도 자녀에게는 상속권이 있기 때문에 병원으로부터 자녀에게 연락이 간다. 아무리 고인의 뜻에 어긋나는 일이라 해도 거기에는 친구가 개입할 수 없다. 그녀가 유언장을 제대로 써두지 않았기 때문에 생긴 결과였다.

그러다가 나는 문득 한 가지에 생각이 미쳤다. 유코 씨에게 직접 듣기도 했고 개인신상카드에 쓰여 있기는 했어도, 그 말이 과연 진심인지 아닌지 알 수 없다는 점이다. 마음속 어딘가에 딸에게 재산을 물려주고 싶은 생각이 있었기에 마지막 순간까지 유언장을 만들지 않았다고도 볼 수 있지 않을까? 그녀의 진짜 속내는 이제 와서 알 수 없지만, 어딘가에 자녀가 있다면, 특히나 자녀에게 재산을 물려줄 생각이 일절 없다면, 반드시 유언장을 작성해둬야 한다. 이런저런 생각을 하게 만드는 유코 씨의 홀로 죽음이었다.

뜻대로 '홀로 죽음'을
맞이하지 못한 이유

1. 유언장 작성을 미뤘던 것

독신은 물론이고 결혼해서 자녀를 둔 사람이라도 반드시 유언장을 작성해둬야 한다. 유코 씨의 경우처럼 딸과 관계를 끊고 살아왔다고 해도 유언장이 없으면 법정상속인에게 모든 유산이 돌아간다. 독신인 경우 역시 형제자매와는 남보다 못한 원수 사이라 해도 부모나 조부모가 이미 사망했다면 형제자매에게 고인이 남긴 재산이 넘어간다. 하지만 유언장이 있고, 거기에 상속 대상자로 형제자매 이름을 남기지 않으면, 그들에게는 일 원 한 푼도 가지 않는다. 형제자매에게는 고인의 의사와 상관없이 일정한 상속분을 법적으로 보장받는 유류분 권리가 일본에서는 없기 때문이다.*

홀로 죽음을 원하는 사람은 무엇보다 자신의 의사를 중시하는 사람이라고 생각한다. 유언장은 자신의 마지막 의사 표시라는 점에서 매우 중요하다. 나는 이를 경험을 통해 알았다.

'누구에게 내 재산을 물려줄까' 하는 고민은 '나에게 소중한 사람은 누구일까'를 스스로에게 묻는 과정이기도 하다. 또한 유언장은 남은 가족을 위한 것이기도 하다. 유코 씨 같은 경우는 병원에서 먼저 유코 씨와 인연을 끊었던 딸에게 연락을 취했고, 딸이 고인의 사후 행정 절차를 맡아서 처리했다. 고인을 보살폈던 사람이나 친구는 그 시점부터는 제3자가 된다. 따라서 만약 법정상속인 외에 소중한 사람에게 무언가 남기고 싶다면 지금 당장 유언장 작성을 권한다.

나중에 쓰겠다고 차일피일 미루다 보면 점점 더 글씨도, 서류도, 생각하기도 다 귀찮아진다. 하루라도 더 젊을 때, 아직 몸과 마음이 건강할 때 써두기 바란다. 몸 상태가 나빠진 뒤라면 유언장을 쓰니 마니 할 상황이 못 된다. 그때는 당장의 고통을 더는 것만으로도 힘에 부치기 때문이다.

다시 한번 강조하지만, 건강할 때 유언장을 작성해두자. 재산이 많고 적고는 상관없다. 자립한 사람이 마지막으로 해두어야 할 일이 아닐까 나는 생각한다.

---

* 우리나라의 경우 현행법상 형제자매에게 법정상속분의 3분의 1을 유류분으로 보장하고 있으나, 현재 이를 폐지하는 민법 개정안이 입법 예고되어 있다.

나 역시 코로나19 팬데믹 상황에서 처음으로 유언장을 써봤는데 생각보다 어려웠다. 지금까지 내 나름대로는 유언에 관해 웬만큼 생각해왔다고 자부했는데, 막상 진지하게 생각하기 시작하자 다 쓰기까지 사흘이나 걸렸다. 한 번 작성해둔 유언장은 몇 번이고 고칠 수 있기 때문에 처음에는 가벼운 마음으로 써보는 게 좋다. 자신에게 가장 소중한 사람이 누구인지 정리할 수 있다는 점에서도 유언장을 작성하는 것은 의미가 있다.

2. 믿을 만한 이웃과 친구들이 가까이에 없었다는 것

먼 친척보다 가까운 이웃이 낫다는 속담이 있는데, 전적으로 맞는 말이다. 믿음직한 조카가 있다 해도 멀리 떨어져 살고 있다면 의지할 수 없다. 이런 상황을 나는 내 눈으로 직접 봐왔다.

홀로 죽음을 맞는다고 해도 그 순간을 맞이하기 전까지 누구의 도움도 없이 지내기는 사실상 어렵다. 다행히 마지막 순간까지 혼자 살면서 스스로를 돌볼 수 있는 사람도 있을 것이다. 하지만 대개는 나이가 들어 죽음을 맞이하기까지는 행정 기관의 직원이든, 지역포괄지원센터*의 직원이든, 케어 매니저

* 고령자를 위한 주거, 의료, 돌봄, 보건, 복지 서비스를 통합적으로 제공하는 기관으로 지역 단위로 설치되어 있다. 이 센터 또는 민간 기업에 소속된 케어 매니저가 도움이 필요한 환자 상황에 맞춰 서비스 제공 계획을 수립한다.

든, 이웃 사람이든, 친구든 누가 됐든 간에 보살펴줄 사람이 필요하다는 사실을 유코 씨를 보며 새삼 느꼈다.

각별히 가까운 사이라고 해도 지하철이나 버스를 타고 이동해야 할 만큼 떨어져 사는 친구에게 집으로 와달라고 부탁하기 어렵다. 함께 즐거운 시간을 보낼 때라면 몰라도, 죽음을 앞두었을 때는 걸어서 올 수 있을 정도로 지척에 있는 사람에게 부탁하는 수밖에 없다. 그리고 그 사람과 신뢰 관계를 쌓은 다음 유언장에 조금이라도 좋으니 재산을 주겠다고 적은 뒤 상대에게 그 사실을 알리는 게 좋다. 이는 법무사 등 전문가들도 권하는 일이다. 어쨌든 누군가 한 사람을 정해 상대의 동의를 얻어두는 게 좋다. 혼자 사는 사람일수록 믿을 수 있는 사람이 곁에 반드시 필요하다.

3. 베개 밑에 현금을 넣어두지 않았던 것

내가 유코 씨의 일에 깊이 관여하면서 절감한 사실은 몸 상태가 나빠진 후에 대처해봐야 이미 늦다는 것이다. "바나나를 먹고 싶어요", "도시락을 사다 주세요"라고 부탁하려고 해도 현금이 없으면 돌봐주는 사람에게 부담을 안기게 된다.

평소에 현금 10만 엔[1백만 원] 정도는 베개 밑에 넣어두는 게 좋다. 현금이 있으면 돌봐주는 사람에게 이런저런 부탁도 좀 수월해진다. 가령, 급하게 택시를 타고 병원에 가야 하는 상황이 와도 베개 밑에서 돈을 꺼낼 수 있으니 지갑을 찾는 수고를 덜 수 있어 편하다.

현금 10만 엔을 손이 닿는 곳에 두면 몸 상태가 나빠졌을 때 도움이 될 뿐만 아니라, 강도가 들었을 때도 돈을 줘서 돌려보낼 수 있는 장점이 있다.

4. 믿을 만한 사람에게 현관문 비밀번호를 알려주거나 보조 열쇠를 맡기지 않았던 것

출입구에 설치된 공동출입문 비밀번호를 알아야 열고 들어갈 수 있는 아파트들이 최근에 많아졌다. 입주자들의 안전과 보안을 위한 것까지는 좋은데, 긴급한 상황에서는 이게 도리어 방해가 된다. 도어록이 설치된 현관문도 마찬가지다.

유코 씨의 집을 찾아갔을 때도 그녀가 겨우 몸을 일으켜 도어록을 해제해주지 않았다면 꼼짝없이 그냥 되돌아갈 수도 있었다. 믿을 만한 사람에게 도어록 비밀번호를 일러주거나 열쇠를 맡겨놓는 게 가장 좋지만, 타인에게 그렇게 하기 힘든 면도 있다.

웃으며 멋지게 떠난 사람
—도쿄 변두리 단독주택에 혼자 살던 후미코 씨의 사례

독신 여성을 얕보지 마라

후미코 씨는 SSS네트워크가 발행하는 회보인 〈스마일 통신〉을
받아보는 구독 회원이다. 합동묘도 신청한 듯한데 얼굴은 모른
다. 아마 10여 년 전의 일이었던 것 같다. 당시 70대 후반이었
던 후미코 씨로부터 뜻밖의 편지를 받았다. 봉투를 뜯어 편지
를 읽어본 나는 깜짝 놀랄 수밖에 없었다.

"SSS네트워크에 유산을 기부하고 싶으니 등기부등본을 보
내주세요."

우리 입장에서는 얼굴도 모르는 회원에게 기부를 받을 수는
없는 노릇이어서 일단 사무국으로 한번 와달라고 부탁했다.

그리고 며칠 후, 후미코 씨에게서 전화가 왔다.

"저기, 마츠바라 씨와 굳이 안 만나도 돼요. 거기까지 가기도 너무 귀찮고요."

동네 아줌마 같은 허물없는 말투였다. 왠지 푸근하기까지 했다. 그녀는 말을 이었다.

"마츠바라 씨가 독신 여성을 위한 합동묘를 만들었다는 기사를 신문에서 봤어요. 이 사람이라면 믿을 만하다 싶었죠."

한 번도 만난 적 없는 사람을 이렇게까지 신뢰하다니 웬만해서는 있을 수 없는 일이다. 하지만 나는 굳이 따지자면, 장황하게 설명을 늘어놓는 사람보다 직감에 따라 결정하는 성향을 가진 사람을 좋아한다. 그녀는 말했다.

"마츠바라 씨, 몸이 좀 말랐고 키는 보통이죠? 체형을 보면 알죠. 마츠바라 씨는 오래 살 거예요. 그러니 나보다 먼저 죽지는 않겠죠. 내가 마지막으로 떠나는 길을 잘 배웅해줄 것 같았어요."

나도 모르게 웃음이 나왔다. 원래 성격이 시원시원한 사람인가 보다. 어쨌든 한번 뵙고 싶으니 사무국으로 와달라고 다시 부탁하고 전화를 끊었다.

어떤 분일까 기대하며 사무국에서 기다리고 있었는데, 상상한 대로였다고 할지 한마디로 말해 하세가와 마치코長谷川町子*

---

* 일본 최초의 여성 프로 만화가로 알려져 있으며 대표작으로 《사자에 상》, 《심술쟁이 할머니》 등이 있다.

의 만화 속 심술쟁이 할머니 같은 분이 나타났다. 머리는 반백에 대충 올려 묶었고, 옷차림도 아무렇게나 손에 잡히는 대로 입고 나온 것이 꾸밈없는 사람처럼 보였다. 마지못해 왔다고 하면서도 얼굴은 생글생글 웃고 있었다.

그때가 후미코 씨와의 첫 만남이었다.

변두리 동네 출신인 후미코 씨는 선천성 심장병을 가지고 있어서 27세 때 도쿄대학의학부 부속병원에서 대수술을 받았다. 그때 주치의에게서 "서른까지 살 수 있을지 장담하기 어렵다"는 진단까지 받았는데, 이 말을 들은 어머니는 그 자리에서 쓰러졌다고 한다.

하지만 다행히 국가 보조금으로 운영되는 단체에 취업해 무탈하게 정년까지 일할 수 있었다.

"직장에는 다들 좋은 사람들만 있었어요. 덕분에 일도 즐거웠지요. 지금도 종종 연락을 주고받아요. 정말 좋은 사람들이에요."

신입 시절에는 자신을 못살게 구는 나이 많은 상사도 있었지만, "어차피 그 사람은 머지않아 퇴직할 테니까"라고 생각하며 느긋하게 지냈다고 웃으며 말했다.

안정된 업무 환경과 좋은 직장 동료를 만나는 행운을 누렸지만, 가족 관계는 그렇지 못했다고 후미코 씨는 말했다. 후미코 씨의 형제들은 혼자 사는 여동생을 업신여기며 그녀의 돈이 마치 자기들 것인 양 굴었다는 이야기는 좀 충격스러웠다.

"네 통장 좀 내놔 봐." 형제들의 이런 고압적인 태도에 그녀는 몇 번이고 화가 났다고 했다.

이런 이야기를 들을 때마다 드는 생각인데, 형제들끼리 사이좋게 지내는 건 오직 부모가 살아 있을 때의 이야기일 뿐이다. 각자 가정을 꾸리게 되면 관계는 달라진다. 특히 남성은 자기 가정을 꾸리는 시점에서 바뀐다. SSS네트워크의 회원들에게 물어봐도 형제와 연을 끊은 사람들이 더러 있다. 결혼한 형제들 눈에는 결혼 안 하고 혼자 벌어 혼자 먹고 사는 사람이 세상 가장 팔자 좋은 사람으로 보이기 때문에 그것만으로도 시기와 질투를 받았을지도 모른다. 결혼도 안 하고 아이도 안 낳고 이기적이라고 생각할지 모른다. 정말이지 가족이니 형제니 하는 사람들은 하나에서 열까지 참견하고 간섭하면서 남의 생활을 마구 헤집어놓으니 여간 골치 아픈 게 아니다. 모든 형제가 그렇다고 싸잡아 말할 수는 없지만, 형제라는 게 그렇게 아름다운 관계이지만은 않다.

그녀도 마찬가지였다. 특히 손위 올케는 돈만 밝히는 못된 여자라고 했다. 나이 든 시아버지를 돌보는 일은 독신인 시누이 후미코 씨에게 떠맡기고 나 몰라라 했으면서, 시아버지의 통장은 빼앗아갔다고 한다.

"너무하죠? 저, 그 부부한테 터무니없는 일을 당하고 있다니까요."

후미코 씨는 마치 남의 일인 양 웃으며 말했다. 퇴직할 당시
만 해도 만약 자기가 죽으면 형제와 조카들에게 각각 1,000만
엔[1억]씩 주려고 했는데, 하는 행동이 너무 괘씸해서 마음이 바
뀌었다고 한다.

"마츠바라 씨도 알겠지만, 혼자니까, 나이를 먹으면 결국 믿
을 건 돈밖에 없더라고요. 돈이 없는 노인은 비참하잖아요. 그
래서 한 푼 두 푼 악착같이 모은 돈인데, 그걸 형제라는 인간들
이 노린다니까요."

그녀의 얼굴에는 거의 경멸에 가까운 냉소가 떠올랐다.

홀로 나이 들어도 외롭지 않다

후미코 씨가 사무국을 찾고 나서 몇 개월이 지난 어느 날, 기부
문제와는 별개로 순전히 개인적인 이유로 후미코 씨의 집을 찾
았다. 형제들에게 시달리면서도 항상 밝은 그녀가 어떤 생활을
하고 있는지 내 눈으로 보고 싶었기 때문이다. 나의 취재 본능
이 꿈틀거렸다.

단독주택이라고는 해도 크고 번듯한 건물이 아니라 외관이
카스텔라 빵처럼 생긴 2층짜리 작은 집이다. 그 주변으로 작은
집들이 옹기종기 붙어 있다. 드르륵 현관문을 열자 바로 주방

이 나왔다. 듣기로는 물건에 별다른 관심이 없다고 했는데 정말로 아무것도 없었다. 최대한 아껴 쓰며 살아온 듯 그녀가 내온 찻잔은 반상회나 주민회관 같은 데서 받아온 물건 같다. 차도 재탕, 삼탕 우렸는지 싱겁다. 간단한 선물로 가지고 간 쿠키가 어쩐지 생뚱맞아 보였다.

"뭘 이런 걸 다 사 왔어요. 그냥 와도 되는데요. 요즘 이가 시원찮아서 먹지도 못해요. 마츠바라 씨가 도로 가지고 가요." 그렇게 말하기에 다시 들고 왔다.

나는 마치 경찰처럼 집 안을 구석구석 훑었다. 이 작은 집도 그녀가 아등바등 일해서 모은 돈으로 마련한 집일 것이다. 이 집마저도 형제들이 노리고 있을까? 상속받으면 팔아버릴 심산일 테지. 2층에도 올라가보고 싶었지만, 그만뒀다.

후미코 씨에게는 예전 회사에서 사귄 친구도 있고, 취미생활로 함께 노래방에 가는 친구도 있다. 또 자치회 일을 비롯한 이런저런 일들로 매일매일 바쁜 모양이었다. 은퇴 이후의 삶을 즐겁게 보내고 있다는 게 그녀의 생글거리는 얼굴만 봐도 알 수 있었다.

"좋은 친구가 피를 나눈 형제보다 나아요." 이렇게 말하며 후미코 씨는 웃었다.

독신 여성 지원단체를 운영하다 보면, "병이라도 나면 어쩌지?", "치매가 올까 봐 걱정이야" 하고 불안한 기색을 내비치는 사람들을 종종 보게 된다. 하지만 후미코 씨는 나이 여든을 목전에 두고 있으면서도, 지병이 있으면서도, 더군다나 형제에게 매일 들볶이고 있는데도, 밝다. 이는 '혼자'라는 것을 특별하게 여기지 않고 자신의 인생을 즐기고 있기 때문이 아닐까? 이따금 인간관계 때문에 죽고 싶을 정도로 괴로워하는 나 같은 사람보다 훨씬 긍정적이다. 게다가 온전히 있는 그대로의 나로 살고 있다. 방금 떠오른 생각인데, 아파트가 아니라 이웃 사람들과 자주 교류할 수 있는 단독주택에 살기 때문일지도 모르겠다.

그 후로는 생각이 날 때마다 후미코 씨에게 전화를 걸어 안부를 확인했다.

"어떻게 지내세요?"라고 물으면, "마츠바라 씨야말로 건강해야 해요. 나야 뭐 죽을 날 받아둔 늙은인데요, 뭘" 하고 전화할 때마다 그 소리길래 나도 지지 않고 되받는다.

"후미코 씨, 죽는다, 죽는다, 맨날 그 소리지만, 죽기는커녕 팔팔하시잖아요."

후미코 씨와 나 사이에는 늘 이런 식의 대화가 오간다.

그러던 어느 날, 그녀가 병원에 입원한다며 전화를 했다.

"병원에 같이 가드릴까요?"라고 묻자, 그녀의 언니가 입원 보증인으로 나서주어서 괜찮다는 대답이 돌아왔다. 예전에 후미코 씨가 꼴도 보기 싫다고 했던 그 언니다. 안심이 되면서도 이럴 때는 싫어도 가족에게 기댈 수밖에 없다는 게 혼자 사는 사람들의 고충이라는 생각이 들었다.

"언니는 내가 죽기를 기다리고 있어요. 돈 욕심 때문인 거죠. 저, 언니한테 100만 엔[1천만 원]을 주면서 부탁했어요."

후미코 씨의 마음과 대응이 이해가 간다. 돈은 이럴 때 쓰는 것이다. 하지만 언니에게 부탁한 것이 잘한 일인지 신경이 쓰였다.

"내 말 좀 들어봐요. 우리 언니도 진짜 돈만 안다니까요. 이번에 입원할 때도 나 혼자 택시를 불러서 갔다고요."

"네? 100만 엔이나 받았으면서 그러면 안 되죠."

퇴원할 때도 병원 현관에 멀뚱히 서서 후미코 씨가 나오길 기다릴 뿐, 병실은 고사하고 병원 건물 안으로 한 발짝도 들어오지 않더란다. SSS네트워크 사무국에 한마디라도 미리 언질을 줬더라면 우리가 대응했을 텐데, 아쉬운 마음이 든다. 하지만 그녀는 그녀 나름대로 남에게 괜한 신세를 지고 싶지 않은 마음이었을 것이다.

사실은 후미코 씨가 입원했다기에 그녀에게 따로 귀띔하지 않고 병원에 찾아갔었다. 하지만 가족이 아니면 면회가 안 된다고 병원에서 거부당하고 돌아왔다. 가족이란 대체 뭘까? 병원도 어지간히 융통성이 없다. 냉정하다. 일본의 이 나쁜 관습은 없애야 한다. 가족 면회만 허가된다면 독신은 어떻게 한단 말인가?

입원한다는 말을 들었을 때는 솔직히 가슴이 덜컥했지만, 수술 같은 것이 아니라 검사만 했다기에 겨우 한시름 놓았다.

공정증서 유언장을 열 번이나 고쳐 썼다

사실 후미코 씨는 공증사무소에서는 상당히 유명한 사람이었다. 형제들 등쌀에 시달리다 못한 그녀가 몇 번이나 유언장을 고쳐 쓰기 위해 공증사무소를 찾아갔기 때문이다.[*] 흔히들 한두 번 정도는 유언장을 고쳐 쓴다고 하지만, 후미코 씨처럼 열 번이나 다시 쓴 사람은 흔치 않다고 한다. 그녀는 SSS네트워크에 기부하고 싶다며 등기부등본을 보내 달라고 연락한 뒤로도 여러 차례 유언장을 다시 고쳐 쓴 모양이었다.

다들 알다시피, 독신 여성이 자녀가 없고, 부모와 조부모 모두 없는 상태에서 사망했을 시, 유언장이 따로 없다면 유산은 형제에게 귀속된다. 하지만 유언장이 있고, 거기에 형제들을 상속자로 언급하지 않았다면, 법적으로 형제자매에게는 유류분 권리가 없으므로[†] 자신이 주고 싶은 사람에게 유산을 물려줄 수 있다. 독신이고 형제자매가 있을 경우, 더구나 그 형제자

---

[*] 우리나라의 경우에도 공정증서 유언은 법무부의 공증인가를 받은 공증인 또는 공증사무소를 통해 진행할 수 있다.
[†] 147쪽 각주 참고

매에게 유산을 주고 싶지 않을 때는 반드시 유언장을 작성해두어야 한다.

따라서 형제자매에게 유산을 남기고 싶지 않다면, 그런 의사가 명확히 드러나는 유언장을 써두면 된다. 열 번이나 고쳐 쓴 유언장은 은퇴 이후 후미코 씨가 얼마나 많은 심경의 변화를 겪어왔는지를 그대로 보여준다.

사람의 마음은 변하게 마련이다. 나 또한 '일하면서 신세 진 분에게 드리자'고 마음먹었다가, '아냐, 그만두자'고 생각했다가, '나이 들어 마음대로 외출도 못 하게 됐을 때 가까이서 도와주는 사람에게 주자'고 했다가 마음이 죽 끓듯 변한다. 그래서 열 번씩이나 유언장을 고쳐 쓴 그녀의 마음도 알겠다. 하지만 이는 의외로 즐거운 작업이기도 하다.

'누구에게 줄까'를 늘 염두에 두고 생활하다 보면, 소중히 여겨야 할 사람이 누구인지 알게 된다. 그리고 그 사람이 가까운 사람이 아닐 수도 있다는 사실을 깨닫기도 한다. 이 책을 읽는 독자들에게도 이 취미를 전수하고 싶다. 방금 깨달았는데, 후미코 씨는 늘 '누구에게 줄까'를 생각하며 생활했기 때문에 하루하루를 충실하게 보낼 수 있었지 않았나 싶다. 나의 인생에서 소중한 사람이 누구인지를 다시금 확인하는 동시에 내가 감사히 여기는 사람이 누구인지를 깨닫는 일이기 때문이다.

나는 이 세상을 떠나며 누구에게 무엇을 남길 것인가?

이는 독신인 사람뿐만 아니라 누구에게든 인생의 마지막 중대사가 아닌가 싶다.

생전에 후미코 씨가 한 말이 떠오른다. 처음 유언장을 썼을 때는 유산 대부분을 형제들에게 상속하겠다고 했는데, 고쳐 쓰는 사이 그 이름들이 완전히 빠졌다고 말이다.

"우리 언니 오빠는 내가 자기들한테도 유산을 좀 남기지 않을까 생각할 거예요. 하지만 유언장을 열어보고선 깜짝 놀라겠지. 하하하. 놀랄 얼굴이 벌써 눈에 선하네요." 마치 '형제의 난'이란 제목의 드라마라도 보고 있는 듯 웃었다.

2017년 세밑에 퍼뜩 한동안 유미코 씨에게 연락하지 못했다는 생각이 들어 전화를 넣었다. 이런 전화는 제법 신경이 쓰인다. 너무 빈번하게 전화를 하면 죽기를 기다리는 것으로 오해받을 수 있어 조심스럽다.

"어떻게 지내시나 해서요."

내가 말하자 그녀는 여느 때와 다름없이 심술쟁이 할머니 같은 말투로 대답했다.

"나 아직 안 죽었어요, 마츠바라 씨."

그러면서 또 한번 크게 웃는다. 그녀는 언제나 웃는다. 싸울 상대가 있어서 그런지, 정신이 흐려지기는커녕 또렷하기만 하다.

해가 바뀌자마자 후미코 씨의 법적 대리인이라고 밝힌 법무사에게서 전화가 왔다. 가슴이 철렁했다. 지난주에 돌아가셨다고 한다. 하얀 막이 스르륵 하고 내려간 것 같아 아쉽고 쓸쓸한 감정이 북받쳐 올랐다.

"서른까지 살 수 있을지 장담하기 어렵다"라는 말을 들었던 그녀가 85세까지 살았다. 형제들에게 지독하게 시달리면서도 꺾이지 않고, 도리어 그마저도 인생의 재미로 여기며 살다 갔다. 후미코 씨가 어떻게 사망했는지는 대리인 역시 아는 바가 없다고 했다. 내 추측으로는 건강한 목소리로 전화 통화를 하고서 한 달 후의 일이었으니 심장발작으로 한순간에 떠나지 않았을까 싶다. 분명 가볍게 "안녕" 하고 웃으면서 떠나갔을 것 같다.

사람은 살던 대로 죽는다고 했다. 작은 집에서 검소하게 생활했지만 주변과 좋은 인간관계를 맺었던 후미코 씨. 후미코 씨는 지긋지긋한 형제들이 자신의 임종을 지키지 않았으면 했던 생전의 바람대로 홀로 훌쩍 세상을 떠났다.

대리인의 이야기로는 정말 이상한 장례식이었다고 한다. 유언장 내용에 따라 유산을 한 푼도 받지 못하게 된 형제들이 빈소를 지키긴 했는데, 다들 얼굴이 붉으락푸르락했다고 한다. 분명 지금쯤 후미코 씨는 하늘에서 웃으며 이렇게 말할 것 같다.

"아하하, 아하하. 이 게임의 승자는 나야. 모두 안녕!"

그녀가 작성한 마지막 유언장의 내용에 따라 후미코 씨의 대리인이 SSS네트워크에도 기부금을 송금해줬다. 유언장 사본을 보니 SSS네트워크의 이름이 첫 번째로 올라와 있어, 가슴속에서 무언가 뜨거운 것이 솟구쳤다.

심술쟁이 할머니, 고마워요.

SSS네트워크는 후미코 씨에게 받은 기부금 덕분에 코로나 상황 속에서도 무너지지 않고 계속 운영될 수 있었습니다. 그리고 후미코 씨의 짐작대로 저는 아직 살아 있어요. 하지만 더는 마른 몸은 아니랍니다.

최고의 '홀로 죽음'을
맞이할 수 있었던 이유

1. 가족에게 기대지 않겠다고 결심했던 것

자녀가 없는 독신은 형제자매나 조카들에게 의지하기 쉽지만, 후미코 씨는 달랐다. 자신을 얕잡아보고 괴롭히는 형제들에게 정나미가 떨어진 지 오래였고, 당사자들은 눈치채지 못했겠지만 이미 오래전에 마음속으로 형제의 연을 끊었다. 그 마음이 흔들림 없이 지속되었던 것이 멋진 홀로 죽음을 실현하는 원동력이 됐으리라 생각한다. 사람은 나이가 들수록 마음이 약해지게 마련이지만, 만에 하나 무슨 일이 생겨도 가족에게 기대지 않겠다는 굳은 각오가 그녀의 마음을 강하게 만들어준 게 아닐까 한다.

홀로 죽음을 맞이하는 데에 가장 중요한 것은 무엇일까? 인생의 마지막 순간을 의탁할 만큼 신뢰하는 사람이 있느냐 없느냐도 중요하지만, 그보다는 결국 의지의 문제라고 후미코 씨를 보며 생각했다.

"당신들한테 절대 기댈 일 없어"라며 남에게 의존하지 않겠다는 결심이라고 해야 할까, 나이 듦도 죽음도 혼자서 감당하겠다는 다짐이라고 해야 할까. "나이 들어 내 몸 하나 감당하지 못하게 되면 어쩌지" 하고 불안해할 게 아니라, "내가 질까 봐? 혼자 기어서라도 살아가겠어"라는 강한 각오가 있었기에 멋진 홀로 죽음이 가능하지 않았을까 싶다.

2. 공정증서 유언장을 작성해뒀던 것

흔히 알고 있듯이, 법적으로 효력이 있는 유언에는 세 종류가 있다.[*] 그중 가장 널리 쓰이는 방식이 자필증서 유언과 공정증서 유언이다.

자필증서 유언이란 유언자 본인이 직접 자필로 유언장을 작성하는 것을 말한다. 종이와 펜과 인감만 있으면 언제든 비교적 손쉽게 작성할 수 있지만, 나중에 유언대로 실행되기가 간단치 않은 단점이 있다. 유언장이 발견되지 못하거나, 누군가

---

[*] 우리나라의 민법이 인정하는 유언의 방식은 자필증서, 녹음, 공정증서, 비밀증서, 구수증서 등 다섯 종류이다. 각각의 방식은 법에 정한 엄격한 형식을 지켜야 효력을 가진다.

발견해 위조 또는 파기하는 경우도 있겠다.

자필증서 유언장을 발견한 사람은 함부로 개봉해서는 안 되고, 발견 즉시 가정법원에 유언장을 제출해 검인 절차를 밟아야 한다. 여기서 검인은 그 유언장이 법이 정한 형식에 따라 작성되었는지를 조사하는 확인 절차를 말한다. 검인 절차는 발견한 사람이 마음대로 내용을 고치는 등의 문제를 방지하고 안전히 보존하기 위해서도 필요하다. 다만, 자필증서 유언장이라도 법무국에서 보관하는 제도를 이용한 경우에는 검인 받을 필요가 없다.* 또한 자필증서 유언장이 두 가지 이상 있는 경우 가장 최근 날짜에 작성된 것을 기준으로 하므로 유언장을 맡아서 보관한 사람도 그것이 최종 유언장인지 아닌지는 알 수 없다.

여러 사람들의 사례를 숱하게 봐온 나로서는 특히 독신인 경우에는 자필증서 유언보다 공정증서 유언 방식으로 유언장을 작성하라고 권하고 싶다. 공정증서 유언은 유언자가 증인 두 명의 입회하에 공증인 앞에서 유언의 내용을 말하고, 공증인이 이를 정리, 기록하여 유언장을 작성해주는 방식이다. 원본이 보관되므로 분실이나 파기될 위험도 없다. 수수료가 발생하고, 재산 가액과 상속인 수에 따라 그 비용이 다르지만, 크게 부담되는 수준은 아니다.

---

* 법무국은 우리나라의 법무부에 해당하는 일본 법무성의 지역 사무소이다. 우리나라에는 자필증서 유언을 공적인 시설에 보관하는 제도가 없다.

후미코 씨는 70대에 접어들면서 공정증서 유언장을 작성했다. 그리고 마음이 변할 때마다 유언장을 새로 고쳤다. 다시 고쳐 쓸 때마다 수수료가 드는데도 열 번이나 고쳤다고 하니 그녀가 얼마나 고민하고 결단을 반복했는지 잘 알 수 있다.

처음 유언장을 작성할 때만 해도 형제들에게 내내 시달리긴 했지만 그래도 전 재산을 남겨주려 했다. 하지만 형제들의 괴롭힘이 날로 심해지자 후미코 씨는 그들의 상속분을 점차 줄여갔다. 기부할 단체 또한 몇 번 바뀌었던 모양이다. 그러다가 어느 시점부터 형제들에게는 단 한 푼도 물려주지 않기로 했다. 대신 그만큼의 재산은 비영리단체 등의 단체를 지원하는 기부금으로 돌렸다.

후미코 씨의 최종 유언장에는 세 개 단체에 기부하고 나머지 재산은 친구에게 유증†한다는 내용이 담겼다. 이것이 후미코 씨가 내린 답이었다. 유언장에 가족의 이름은 단 한 줄도 없었다.

3. 외롭지 않았던 것

'혼자'와 '외로움'은 짝지어 다니는 법이라고 생각하기 쉬운데,

---

† 유언에 의한 증여. 주로 상속인이 아닌 사람에게 재산을 증여할 때 쓰는 용어로 유언자의 사망 후 유언이 집행될 때 재산을 물려받게 되는 것을 말한다. 또한 유증을 받을 사람은 수유자라 한다.

그렇지는 않다. 자식이 없어 외롭다고 말하는 사람도 있겠지만, 세상에 그런 사람만 있지는 않다.

"좋은 친구가 피를 나눈 형제자매보다 나아요." 후미코 씨가 말했던 것처럼 좋은 친구들과 함께하는 그녀의 일상은 무척이나 즐거워 보였다. 가족이 남보다 못한 원수 같았기에 더더욱 다른 사람을 소중하게 여겼을지도 모른다. 젊은 시절부터 줄곧 인연을 이어온 사람들이 있다는 건 더없이 행복한 일이다.

후미코 씨는 결혼도 하지 않았고 자녀도 없었지만, 시골 동네 특유의 좋을 때 같이 웃고 힘들 때 곁을 지켜주는 이웃사촌들과 더불어 생활한 덕분에 그녀의 노년이 외롭지 않았다고 말해도 지나치지 않을 것이다. 혼자 사는 사람들 중에는 집에만 틀어박혀 옆집 사람과도, 이웃 사람과도 일절 어울리지 않는 사람도 많다. 하지만, 그녀의 집 현관문은 항상 열려 있었다. '홀로 죽음'이라고 하면 죽기 직전의 상황에 주목하기 쉽지만, 나는 사망하기까지의 삶의 방식에 초점을 맞추어야 한다고 생각한다. 혼자 임종을 맞았기 때문에 '홀로 죽음'이 아니라 혼자인 삶을 멋지게 살아냈기 때문에 '홀로 죽음'인 것이다. 어디에선가 후미코 씨의 웃음소리가 들려오는 것 같다.

05

최고의 홀로 죽음을
맞이하기 위한 인간관계

가족과 적절한 거리를 둔다

가족이 있어도 고립될 위험은 있다

혼자 산다고 다 독신이지는 않다. 혼자 사는 노인 중에는 가족
이 있는 사람도 꽤 있다. 결혼해서 가족을 꾸렸을 때만 해도 자
기가 나이 들어 혼자가 되리라고 누가 상상이나 했을까? 인생
이란 좋은 일도 있고 나쁜 일도 있게 마련이어서 끝나기 전까
지는 어떻게 될지 알 수 없다.

　가족 간의 관계가 어떻든지 가족이 있는 것만으로 의지가 된
다고 생각하겠지만, 가족도 결국 남이다. 당연히 가족 간의 관
계도 항상 좋을 수만은 없다. 핏줄이란 게 좋기도 하고 나쁘기
도 하다. 가족끼리 화목하다면야 세상에 그만큼 끈끈한 인연도
없다. 하지만 한번 관계가 틀어지면 온 가족이 진흙탕 싸움에

빠지는 경우도 많다. 이는 타인과의 싸움에 비할 바가 아니다.

며칠 전, 요양사 파견을 지원해주는 복지법인에서 일을 돕다가 요양사로도 일하는 여성에게 이런 이야기를 들었다.

요양사는 목격했다!

도심의 한 단독주택에 사는 76세 가즈오 씨의 사례다. 혼자 사는 가즈오 씨는 최근에 당뇨병에 걸려 집안일을 전혀 할 수 없게 되었다. 바닥에는 늘 이불이 깔려 있다. 그런 상황에서 지역 포괄지원센터에서 파견된 케어 매니저가 개호보험 적용 범위 내에서 그를 위한 돌봄 서비스 계획을 세웠고, 그 결과 가사 지원 요양사의 파견이 결정되었다.

가족 없이 혼자 사는 사람인가 했더니, 놀랍게도 가즈오 씨에게는 부인이 있었다. 하지만 이미 오래전부터 별거해온 모양이다.

가즈오 씨는 형제도 있었다. 하지만 생사를 확인하러 잠시 들리는 것인지, 와서는 아무것도 하지 않고 금방 돌아간다. 가족이 있어도 거의 왕래가 없다. 방 안은 늘 어질러져 있다. 식사도 제대로 못 한다. 더구나 병까지 든 상태다.

하지만 요양사가 온 뒤로 그의 생활에 온기가 돌기 시작했다. 거기다 파견된 요양사는 성격이 무척 밝은 사람이었다.

"욕실 청소해뒀어요. 뜨거운 물 받아서 몸 담그세요."

활기찬 요양사의 목소리에 기쁜 듯 대답하는 가즈오 씨. 따뜻한 말 한마디가 얼마나 사람에게 힘이 되는지 짐작할 수 있는 대목이다. 일주일에 3일, 고작 한 시간에 불과했지만, 그에게는 유일한 위안의 시간이었다.

하루는 요양사가 마침 가즈오 씨 집 앞을 지나다 현관문이 열려 있는 걸 보았다. 그날은 요양사가 방문하는 날도 아니었다. 하지만 내심 신경이 쓰여 가던 길을 멈추고 밖에서 가즈오 씨를 불렀다.

"안녕하세요, 가즈오 씨. 계세요? 이렇게 현관문을 열어두시면 안 돼요. 안에 계세요?"

대답이 없어 집 안으로 살짝 들어가자, 잠든 것 같은 가즈오 씨의 모습이 보였다. 그런데 누워 있는 모습이 아무래도 이상했다. 방 안으로 들어가 살펴봤더니 가즈오 씨는 이미 숨을 거둔 상태였다.

혼자 사는 남성들은 종종 이런 식으로 죽음을 맞는데, 어떤 의미에서는 고통받지 않고 떠날 수 있어 행복했을지도 모르겠다. 그리고 몇 달간이었지만 요양사라는, 자기에게 관심을 가져주는 사람과 교류가 있었던 것도 그에게 행운이었다고 할 수 있다.

그런데 찾아오는 사람도 없이 외로운 말년을 보냈던 가즈오 씨의 장례식은 어이없게도 가족의 손으로 더없이 호화롭게 치러졌다.

"살아 있을 때는 홀로 쓸쓸하게 생활했는데, 이 화려한 장례식은 대체 뭔가 싶었어요. 이런 장례식보다 가즈오 씨가 살아 있을 때 화목하게 교류도 하면서 살았으면 더 좋았게요." 장례식을 지켜본 요양사는 슬픈 얼굴로 말했다.

가족이 있어도 가족 간의 관계가 좋지 않다면 가족이 없는 거나 마찬가지다. 그러니 가족이 있든 없든 마지막을 쓸쓸하게 맞고 싶지 않다면 인간관계를 잘 해두어야 한다고 가즈오 씨의 이야기를 들으며 나는 생각했다.

특히 요즘 들어 인간관계를 귀찮아하는 사람들이 많아졌지만, 혼자 사는 사람은 자신이 먼저 인사를 건네며 가벼운 인간관계라도 만들어두지 않으면 안 된다. 그렇지 않으면 고립되어 외로운 인생을 보내다가 마지막에는 누구에게도 발견되지 못한 채 몇 개월이나 방치될지도 모른다.

요양사가 유일한 대화 상대인 인간관계는 너무나 외롭다.

이웃 간의 교류는 필요하다

가족은 가장 친근한 복지

긴급한 상황에서 의지할 수 있는 데는 누가 뭐래도 가족밖에 없다. 평소 사이가 아무리 나빠도 아픈 가족을 나 몰라라 하는 경우는 사실상 그리 많지 않다. 가족은 '가장 친근한 복지-복지의 출발점'이라는 것이 나의 생각이다.

가족 관계가 원만한 것만큼 복된 것도 없다. 가족은 즐거운 시간을 함께하기 위해서가 아니라 힘들 때 서로 돕고 의지하기 위해 있다고 해도 과언이 아니다. 병, 간병, 임종…… 그럴 때를 위한 가족이다. 먼저 가족복지가 있고, 그러고 나서 사회복지가 있다.

다만, 그 옛날 몇 대가 모여 사는 대가족 시대에서 부부와 그 자녀만으로 구성된 핵가족 시대로 넘어오면서 가족 구성원의 수도 적어졌을뿐더러 요새는 그마저 줄어 1인 가구가 급증하고 있다. 과거의 가족복지 개념이 유명무실해진 것이다.

비혼으로 혼자 사는 경우든, 결혼해 자식이 있어도 자식의 짐이 되고 싶지 않아 혼자 사는 경우든 가족이라는 복지 없이 노후를 맞이하려면 상당한 각오가 필요하다.

후생노동성이 3년마다 대규모로 조사하는 '국민생활기초조사'(가구구조별, 가구유형별 가구 수 및 평균 가구원 수의 연도별 추이)에 따르면, 2019년 6월 시점의 전국 가구구조에서 '1인 가구'가 차지하는 비율은 28.8%로 가장 높았다. 이어서 '부부와 자녀로 구성된 가구'가 28.4%, '부부만으로 구성된 가구'가 24.4% 순이었다. 전년도인 2018년까지는 '부부와 자녀로 구성된 가구'가 전체 가구에서 가장 높은 비율을 보였지만, 2019년 일본에서는 급기야 1인 가구가 전체 가구에서 가장 높은 비율을 차지하게 되었다.

하지만 아무리 혼자가 좋다 해도, 아무리 가족과 어울리기 귀찮다 해도 긴급한 상황에서는 누군가의 도움을 받지 않으면 안 된다. 가족이 없다면 다른 이들의 도움이 필요하다. 타인의 도움을 받고 싶지 않아 완고하게 거부하는 사람도 있는데, 이는 그러고 싶다, 싶지 않다 하는 감정의 문제가 아니다. 한자 '사람 인人'의 모양에서도 알 수 있듯이 사람은 서로를 떠받쳐

주며 살아가는 존재라는 사실을 잊어서는 안 된다.

경제력을 갖춘 독신이 대개 그런데, 혼자서 살아가고 있다고 착각하는 사람들이 있다. 무엇 하나 혼자 힘으로 할 수 있는 게 없는데도 말이다. 예를 들어, 매일 먹는 채소도 자기 손으로 기른 게 아니다. 농가의 도움을 받고 있다. 전기도 그렇다. 자기가 직접 끌어오는 게 아니다. '혼자서 생활하는 것'과 '혼자서 살아가는 것'은 서로 다르다. 그러나 돈만 있으면 뭐든 할 수 있는 편리한 현대사회에서, 경제적으로 풍족한 사람들은 "사람은 혼자 살 수 없다"는 진리를 깨닫지 못하고 있다.

사람들과 어울리는 것을 귀찮아해서 가능하면 혼자서 지내고 싶어 하는 사람이 많다. 하지만 그렇게 할 수 있는 것도 젊고 건강할 때의 이야기다. 나이가 든다는 건 다른 사람의 도움을 받아야 하는 상황이 늘어난다는 뜻이다.

"혼자 살다 보니 갑자기 제 신변에 무슨 일이 생기면 어쩌나 걱정입니다." 이런 말을 들을 때마다 나는 말한다.

"그러시다면 이웃과 교류도 좀 하면서 사이좋게 지내세요."

옆에 누가 사는지 모르니 무섭다는 사람도 있는데, 친하게 지내지는 못하더라도 서로 알고 지내는 게 좋다. 만약의 일이 생겼을 때 가장 먼저 알게 되는 것은 같이 사는 가족, 그다음이 이웃이다. 물리적인 거리가 그만큼 중요하다.

예를 들어, 혼자 사는 당신이 집에서 쓰러졌다고 가정해보

자. 이를 제일 먼저 알아채는 사람은 경비회사도 아니고, 친구도 아니다. 이웃이다.

"어머, 우편물이 꽤 쌓였네", "이상하네. 계속 집에 불이 꺼져있네", "잠깐만, 그러고 보니 요즘 통 얼굴을 못 봤는데……"

아무리 친한 친구가 많아도 긴박한 상황에서는 이웃만 한 사람도 없다.

다만 이웃을 고를 수 없다는 게 문제지만, 먼저 말을 걸어보면 의외로 좋은 사람들인 경우도 적지 않다.

먼저 말을 걸어보자

실제로 이웃에게 먼저 다가가서 의외로 좋은 결과를 얻은 사람이 있다. 바로 70대 후반의 혼자 사는 여성이다. 그녀는 지역 자원봉사단체에서도 활동하고 있다. 그 지역 활동 중에 혼자 사는 사람을 위한 '안부 확인 네트워크'를 만들자는 의견이 나오자 그녀도 참가했다.

70대면 아직은 스스로를 건사하고 웬만큼 다른 사람도 돌볼 수 있는 나이지만, 한편으로는 언제 무슨 일이 벌어져도 이상하지 않은 나이임은 분명하다. 그녀는 생각했다. 혼자 사는 이들을 보살피는 것도 좋지만, 가능하면 자신도 보살핌을 받고 싶다고 말이다.

그래서 그녀는 행동했다. 지금까지 거의 왕래가 없었던 이웃집에 먼저 인사를 하러 갔다. 물론 옆집 사람들과는 교류가 있었지만, 앞집이나 뒷집 사람들은 얼굴은 알아도 서로 이야기를 나눠본 적은 없다. 우선 자신을 소개하는 것이 좋겠다고 생각한 그녀는 두근거리는 마음으로 앞집의 초인종을 눌렀다.

앞집 사람이 문을 열고 나왔다. 겨우 일면식만 있는 사람이 와 있는 걸 보고 당황해하는 눈치였다. 그녀는 자신이 앞집에 사는 사람이며 혼자 살고 있다고 밝혔다. 지금은 건강하지만 혹시 모를 긴급한 상황을 대비해 평소에 오며 가며 살펴봐주지 않겠느냐고 물었다.

"집에 계속 불이 꺼져 있다든지, 어딘가 평소와 다른 느낌이 들 때는 우리 집 문을 두드려주셨으면 해요. 괜찮으시다면 저도 그렇게 할게요. 그러면서 서로의 안부를 살펴주면 어떨까요?"

앞집 세 집, 옆집 두 집, 뒷집 세 집 가운데 노인이 혼자 사는 집이 무려 세 집, 노인 부부가 두 집, 젊은이 혼자 사는 집이 한 집이어서, 그녀 자신도 놀랐다고 한다. 그녀가 찾아간 이웃집 모두가 '안부 확인 네트워크'에 대찬성. 거기서부터 이웃 간의 교류가 시작되었다고 한다.

요즘 같은 시대에는 커다란 단독주택에도 노인이 혼자 사는 경우가 많다. 위의 사례는 가족과 같이 살지 않아도, 가족복지가 없어도, 이웃끼리 서로 돕고 보살핌으로써 혼자 사는 생활의 불안에서 벗어나는 좋은 사례가 아닐까 싶다. 이웃에 '어떤 사람이 살고 있을지 모르니까' 하며 지레 움츠리지 말고 한번 이야기를 나눠보면 어떨까?

어쨌든 자신이 먼저 마음을 열지 않으면 좋은 인간관계를 만들 수 없고, 자신이 먼저 마음을 열면 좋은 인간관계를 만들 수 있다. 이웃 사람끼리, 동네 사람끼리 '서로의 안부를 살핍시다' 운동을 시작해봐도 좋을 듯싶다.

아파트는 고립되기 쉽다

일을 그만두면 평범한 아줌마

주택가에 사는 사람은 반상회나 자치회 활동 등으로 좋든 싫든 사람들과 어울려야 할 때가 많다. 반면 아파트에 사는 경우에는 완벽하게 분리되어 있어 누구와도 어울리지 않고 지낼 수 있다.

직장을 다니는 사람이라면 대개 낮에는 집에 없으니 사람들과 어울릴 시간도, 어울릴 필요도 없기 때문에 아파트에서 사는 편이 좋을 수도 있겠지만, 그것도 현역일 때까지의 이야기다. 아무리 사회적 지위가 높았던 여성이라도 일을 그만두고 나면 남과 다를 바 없는 평범한 아줌마다. 평범한 아줌마인데도 평범한 아줌마로 산 경험이 없다 보니 반평생을 직장인으로 살았던 여성은 지역사회에 잘 섞이지 못하는 경향이 있다.

회사 생활이 인생의 모든 것이었던 사람들이 지역으로 돌아왔을 때 자기 자리가 없다는 것, 또한 본인도 그리 원하지 않는다는 것 때문에 은퇴 이후의 일상생활이 점점 힘들어진다.

회사를 그만두고 집에 있다 보면 자기 의지와 상관없이 같은 아파트 주민들과 얼굴을 마주칠 수밖에 없다. 그때 인사를 하지 않으면 평생 괴팍한 노인으로 낙인찍혀 고립될지도 모른다.

아파트에 살더라도 먼저 말을 걸어보자

굳이 따지자면, 아파트에 사는 사람들이 남들과 어울리거나 관계 맺는 것을 꺼리는 성향이 상대적으로 강하다. 아파트라는 주거 특성상 남에게 간섭받는 것을 싫어하고, 담백한 인간관계를 선호하게 됨으로 주민끼리 한데 어울려 지내는 일이 잘 없다.

하지만 앞으로 단독주택 등으로 이사할 계획이 없다면, 같은 아파트에 사는 사람들과 사이좋게 지내는 게 좋다. 재해가 발생했을 때, 가장 먼저 서로 도울 수 있는 사람은 같은 아파트에 사는 사람들이다. 서로를 알든 모르든 상관없이 서로를 도울 수 있다. 한 지붕 아래에서 살아가는 사람들은 '지연'이라는 확대된 가족이라 할 수 있다. 같은 곳에서 살고 있으므로 사실은 한데 뭉칠 수 있고, 힘을 합칠 수도 있을 것이다.

여하간 혼자 사는 사람은 고립되어서는 안 된다.

아파트에서도 긴급한 상황을 알아채는 것은 이웃이다.

앞서 소개한 주택가의 사례처럼 가까운 이웃집을 다 찾아가기는 어렵겠지만, 최소한 같은 층에 사는 주민을 찾아가 자신이 먼저 "서로의 안부를 살펴주면 어떨까요?"라고 말한다면 좋은 이웃 관계가 만들어질지도 모른다.

상대가 어떤 사람인지 잘 모를 경우 관계 맺기를 꺼리는 사람이 많다. 솔직히 나도 마찬가지라서 남의 말을 할 처지는 아니다. 하지만 그런 식으로 관계를 맺고 말고를 정하는 것은 젊을 때의 이야기다.

사람은 나이를 먹는다. 어떤 인연인지 몰라도 같은 아파트에 사는 이상 서로 돕고 살펴주며 살아가야 한다고 생각한다. 그리 쉬운 일은 아니지만, 그렇게 하지 않으면 살아갈 수 없는 시대가 되었다.

지역사회 활동에 참여한다

가족을 대신할 인간관계를 만든다

가족이 없는 독신은 자신의 존재를 알리기 위해 노력해야 한다.
가족이라는 가장 의지가 되는 공동체가 없는 셈이니 이를 대신
할 공동체를 반드시 만들어야 한다. 가족 공동체든 지역 공동체
든 공동체는 혼자 나이 들어가는 데 반드시 필요하다.

예를 들어, 고독사만큼은 피하고 싶은 사람이라면 살고 있
는 지역의 고독사 예방 봉사 모임에 참여해도 좋겠다. 또 혼자
사는 노인에게 도시락을 배달하는 봉사 동아리에서 활동하거
나, 야간 순찰 활동을 하는 자율방범대에 들어가도 좋다. 어느
지역이든 봉사 활동, 단체 활동, 동아리 활동 등의 사회 활동을
주관하는 공동체 조직이 있으므로 나한테 적당한 곳을 찾아 참

여해보면 어떨까?

어디를 가든 이상한 사람은 꼭 있고, 좋은 사람도 있게 마련이다. 어쨌든 가족이 없는 사람은 다른 사람들과 관계를 맺고 어울리는 것이 꼭 필요하므로 어떤 활동이든 적극적으로 참여해보기를 권한다.

다양한 모임에 참여해본다

일전에 초청받은 강연회에서 '라벤더 클럽'이라는 소모임을 꾸려 활동하는 분들을 만나게 되었다. 모두 여성이고 나이는 70대 전후로 보였다. 회원은 아홉 명. 아무튼 서로 사이가 좋고, 매달 모여 밥도 먹고 여행도 다니며 바쁘게 지낸다고 한다.

모임을 이끌고 있는 분의 이야기를 들어보니 라벤더 클럽은 혼자 사는 여성들의 모임으로, 독신이 아니면 들어갈 수 없다. 이 라벤더 클럽에 들어가려면 세 가지 조건을 충족해야 한다.

첫째… 현재 독신이어야 한다. 남편이 있는 사람은 남편과 이혼 또는 사별 후에나 가입할 수 있다.
둘째… 멋쟁이어야 한다. 멋을 낼 줄 안다는 건 긍정적으로 살아간다는 증표다.
셋째… 사회 활동을 하고 있어야 한다.

이 중 세 번째 조건을 보면 그저 남편과 이혼하거나 사별한 여성들의 모임이 아님을 알 수 있다.

회원 아홉 명 전원이 지역사회 활동을 하고 있었다. 예를 들어, 혼자 사는 노인을 위해 배식 서비스를 하는 사람도 있고, 노인들이 모여 취미나 관심사를 나누는 살롱으로 이용할 수 있도록 자기 집을 제공하는 사람도 있다. 회원 모두가 어떤 식으로든 지역사회 활동을 하고 있다.

수십 년을 부부로 함께 살아온 사람이 혼자가 되면 그때까지의 인간관계가 무너져 고립되기 쉽다. 부부가 동반했을 때만 어울릴 수 있었던 친구도 있을 테다. 남편이 떠나고 나서야 비로소 냉혹한 세상의 인심을 절감하게 되는 경우도 있다. 모든 일이 그렇지만, 실제로 혼자가 되어보지 않으면 알 수 없는 일은 수도 없이 많다.

하지만 같은 처지인 사람들끼리는 금세 친해진다. 혼자가 된 사람들끼리 똘똘 뭉치면 생활도 즐겁고, 걱정도 덜어진다. 라벤더 클럽 회원들이 해바라기처럼 웃는 얼굴을 하고 있는 것은 동료가 주는 안도감 덕분이라고 나는 느꼈다.

라벤더 클럽의 회원들도 그랬지만, 꼭 하나를 고집하지 말고 다양한 모임에 소속되어 인간관계를 넓히는 것이 좋다.

신경 써주는 사람이 있으면 확실히 다르다

가족 이외의 사람들과 인간관계를 만드는 것은 사실 가족이 있는 사람에게도 필요한 일이다.

가족도 언제 없어질지 모른다. "내겐 가족이 있으니까" 하고 마냥 마음 놓고 있기보다 여러 모임에 소속해 다양한 인간관계를 만들어두는 편이 좋다.

취미 모임, 공부 모임, 지역 활동 모임, 사회문제 모임 등 자신이 들어가기 수월한 곳부터 참가해보면 어떨까?

"어머, 그 사람 안 보이네. 무슨 일 있는 거 아냐?" 이렇게 신경을 써주는 사람이 있고 없고에 따라 노년의 일상은 180도 달라진다. 자신의 존재를 알리는 일은 안전을 확보할 수 있는 중요한 방법 중 하나다. 나이 들고 나서 자신의 존재를 스스로 드러내지 않으면 누구의 관심에서도 벗어나 있다가 마지막에는 "저기 살고 있었어요? 몰랐어요. 돌아가셨군요"라는 상황이 될지 모른다.

언제 어디서 어떻게 죽든 그건 그 사람의 자유지만, 적어도 살아 있는 동안은 웃으며 살아갔으면 한다. 혼자 줄곧 집에만 틀어박혀 있으면 웃음이 나오지 않는다. 사람들과 어울려야 웃을 일도 생긴다.

친구는 의지가 안 된다

친구 관계는 한순간에 변할 수도 있다

나는 주위에 친구가 많을 것 같다는 소리를 자주 듣는 편이다. 그러나 같이 영화를 보러 가거나 한 번씩 만나 수다를 떠는 사람은 몇 명 있지만, 믿을 만한 친구는 한 명밖에 없다. 이 나이쯤 되고 보니 한 명으로도 충분한 것 같다.

젊을 때라면 가족보다 더 가까운 게 친구일 수 있다. 하지만 살다 보니 친구도 내 몸과 마음이 편안해야 자주 만날 수 있는 관계다. 죽음이 더는 남의 일이 아닌 게 되는 나이가 되면 친구도 더는 필요 없어진다. 나이가 들면서 필요한 친구는 이것저것 하기에 이제 힘이 부친다 할 때 편하게 의지할 수 있는 친구다. 하지만 이것도 말이 쉽지, 나만 나이를 먹는 게 아니라 친구도 같이 나이를 먹다 보니 70대쯤 되고 보면 서로가 몸이 둔해져 마음처럼 서로 의지할 수 없는 상황이 된다.

"무슨 일 생기면 연락해. 달려올 테니까." 마음은 이렇다 해도, 실제로는 몸이 마음만큼 쉽게 따라주지 않는다. 그런 광경을 나는 숱하게 봐왔다. 현역에서 은퇴하면 행동이 굼떠지는 사람이 많고, 서로 돕자고 약속했어도 몸 여기저기가 삐걱대서 움직이기 쉽지 않기 때문이다.

앞에서도 말했지만, 서로 돕고 보살필 수 있는 사람은 물리적으로 가까이에 있는 사람이다. 그다지 듣기 좋은 이야기가 아니라서 미안하지만, 내가 경험하고 있는 일이므로 확실히 말할 수 있다. 친구는 의지가 안 된다!

며칠 전, 80대 여성과 전화 통화를 하던 중에 친구 이야기가 화제에 올랐다. 인생의 대선배인 그녀는 차분한 목소리로 말했다.

"친구란 참 마음을 울리는 말이에요. 친구가 있다는 건 근사한 일이지요. 하지만 이 나이가 돼서 깨닫게 되었어요. 유감스럽게도 친구란 그리 아름다운 게 아니라는 것을요."

나 또한 그런 생각을 하고 있었기에 크게 고개가 끄덕여졌다. 이 말의 의미를 70대가 되어보지 않으면 알 수 없을지도 모른다.

우리는 모두 자신을 세상의 중심에 놓고 살아간다. 사소한 일에도 상대에 대한 마음이 시시각각 변하는 것처럼 자신을 대하는 상대의 마음도 변한다. 친구는 한순간 말 한마디에도 돌변할 수 있는 관계다. 받아들이고 싶지 않겠지만, 친구도 좋을 때 친구가 된다는 것을 꼭 알아주었음 좋겠다.

인간관계는 담백할수록 좋다

내가 쓴 책을 읽어본 사람이라면 알겠지만, 지금까지 나는 '혼자인 사람은 친구의 존재가 중요하다'고 시시때때로 강조해왔다. 실제로 그렇게 생각했다. 그런데 70대에 접어들면서 생각이 바뀌었다. 가족도 그렇지만 친구도 별개의 인간이다. 서로가 서로에게 집착하는 관계는 피차 자신의 목을 스스로 죄는 것이나 마찬가지라고 생각하게 되었다.

"그야 진정한 친구가 없으니 하는 말 아닌가요?" 분명 이런 소리를 들을 것 같아 미리 변명을 해두자면, 그런 이야기가 아니다. 좋은 친구로 남고 싶다면 너무 가까이 다가가서는 안 된다는 말이다. 부부나 부모 자식 간도 그렇지만 친구 사이 또한 서로의 거리가 지나치게 가까울 때 깨지기 쉽다. 그러므로 좋은 관계를 유지하고 싶다면 얕고 담백한 관계로 남아야 한다.

홀로 맞는 죽음을 최고로 여기는 사람은 내가 하고 싶은 이야기가 무엇인지 알 것이다. 홀로 맞는 죽음을 실현하기 위해서는 이웃과의 교류에서나 어디에서든 얇고 담백한 관계를 맺는 것이 필요하다. 깊고 진한 인간관계는 필요 없다. 이건 내 경험상 분명히 말할 수 있다. 깊고 진해서 좋은 것은 에스프레소밖에 없다.

결국 홀로 죽음을 맞기 원한다면, 어떤 긴급사태가 닥치더라도 남에게 기대지 않겠다는 강한 의지가 중요하다.

당신이 친구에게 별다른 의지가 안 되듯이 친구 역시 당신에게 의지가 안 된다. 친구란 인생의 에너지와 활력을 더하는 귀한 존재이지만, 그 이상은 아니다. 요즘 들어 부쩍 그런 생각이 든다. 잘난 듯이 이런 말을 하고 있지만, 나라고 누군가 곁에 있어 주길 바라는 마음이 전혀 없을까? 없다고 하면, 그건 거짓말이다. 하지만 그런 마음이 생기지 않도록 노력하고 있는 것만은 사실이다.

멋지게 홀로 죽음을 맞이하고 싶다면 남의 속이 아닌 자기 내면을 깊이 들여다봐야 한다. 이를 쓸쓸한 인생이라고 말하는 사람이 있다면 좋을 대로 말하게 두면 된다. 남의 평가 따위에 신경 쓰고 있다가는 최고의 홀로 죽음을 실현하고 싶다는 바람은 그저 바람으로 끝나고 만다.

06

주변에 짐 되지 않고
홀가분히 떠나고 싶은
사람을 위해

신원보증인을 요구하면
어떻게 해야 할까

어떤 상황에서 보증인을 요구하는가

혼자인 사람이 종종 곤란에 부딪칠 때가 있다. 인생에서 중요한 순간, 급박한 순간에 꼭 신원보증인을 내세우라고 한다. 일본 사회에서는 취직할 때, 집을 빌릴 때, 병원에 입원할 때, 돌봄 시설에 들어갈 때 당사자의 신원보증인을 요구받는다. 더구나 가족을 신원보증인으로 세워야 하는 것이 관행이다. 마치 이 사회에는 가족이 없는 사람은 없다는 듯이 말이다.

혼자인 사람은 결혼을 못 했거나 혹은 결혼을 안 했거나, 가족과 헤어졌거나 혹은 가족과 절연했거나 등등 숱한 이유로 가족이 없을지도 모른다. 그러나 가족을 만드는 것도 만들지 않는 것도 개인의 자유다. 사회에는 다양한 사람들이 있고 저마다 사는 방식도 제각각인데, 가족을 보증인으로 세우라고 요구하는 것도 잘 납득이 안 간다.

대가족이 많았던 과거에는 어땠을지 몰라도, 1인 가구가 급증하고 있는 현대 사회에서 여전히 신원보증인을 요구하는 관행이 남아 있다는 건 문제다.

그러면 어떤 상황에서 신원보증인을 요구하는가? 우리가 나이 들면서 보증인 요구를 받는 상황은 주로 세 가지다.

① 집을 빌릴 때 신원보증인을 요구한다

집을 빌려본 경험이 있다면 알겠지만, 임대 계약을 할 때 보증인 요구를 받는다. 이를 신원보증이라고 부르는데, 임차인의 신원보증과 월세 체납 시 지급보증, 사망 시 재산정리, 건물의 명도보증 등을 뜻한다.

보증인 없이는 방 한 칸도 빌리기 힘든 것이 지금의 일본이다. 보증인이 되어줄 사람이 없는 경우에는 어떻게 해야 할까? 답은 간단하다. 민간 임대주택이라면 보증회사에 수수료를 지급하고 보증회사를 보증인으로 세우면 된다. 일본도시재생기구인 UR* 임대주택의 경우에는 신원보증인은 요구하지 않는다. 그 대신 예금잔액증명서, 납세증명서 등을 요구한다. 매우

---

* 공공주택 임대사업을 하는 기관으로 우리나라의 한국토지주택공사와 유사하다.

타당한 방식이라고 생각한다. 민간 임대주택 같은 경우 사례금 과† 월세를 내고, 거기에 더해 신원보증인을 세울 것을 사실상 강요당한다. 이는 일본의 나쁜 관행으로, 국가가 국민을 관리 하는 것과 구조는 같다. 월세를 못 받게 되면 어쩌나, 이상한 사 람이 세입자로 들어오면 골머리를 앓는다, 괜히 말썽이 생기면 곤란하다 등등 집주인을 보호하기 위해 신원보증인이 있는 것 이다. 만에 하나 무슨 일이 있을 때는 책임을 물리기 위해 신원 보증인을 인질로 잡아두는 셈이다.

② 돌봄 시설에 들어갈 때 신원보증인을 요구한다

나이가 들어 혼자 집에서 살 여력이 점점 떨어지다 보면 유료 노인홈 같은 돌봄 시설로 들어가야지 하는 사람들이 나오기 마 련이다. 끝까지 자기 집에서 살다 죽고 싶어도 병에 걸리거나 다쳐 혼자서 일상생활이 힘들어지면 마지막 거처로서 선택하 는 것이 이러한 시설이다.

남의 손 빌리지 않고 혼자 살 수 있을 때까지 내 집에서 살다 가 마지막 순간이 다가오면 가진 돈에 맞는 시설로 들어가야지 하는 게 노인들의 일반적인 생각인 듯하다.

하지만 마지막 거처가 될 돌봄 시설에 들어갈 때도 신원보

---

† 집을 빌릴 때 세입자가 집주인에게 감사의 의미로 한두 달치의 월세에 해당하는 금액을 사례금으로 준다. 보증금과 달리 퇴거 시 돌려받지 못한다.

증인이라는 벽이 앞을 가로막는다. 돈만 있으면 어떻게든 된다고 생각하겠지만, 천만의 말씀이다. 돈이 있어도 신원보증인이 없으면 못 들어간다.

독신에 나이도 많다면, 가족을 보증인으로 세우는 건 불가능하거나 매우 어려운 일이다. 자신이 노인이 될 즈음에는 부모도 형제자매도 이미 세상에 없는 경우가 많기 때문이다. 친구 또한 동년배라면 치매에 걸렸을지 모른다. 조카 역시 가족이기는 해도 그들과 관계가 소원한 경우가 적지 않다. 이렇듯 하나둘 가능성을 지워나가다 보면 결국 돈 가방을 그러안고 시설 앞에 우두커니 서 있는 애처로운 노인의 모습이 절로 머릿속에 떠오르게 된다. 남의 일이 아니라 나 자신의 미래일 수도 있다는 생각을 떨칠 수가 없다.

③ 입원·수술할 때 신원보증인·신원인수인을 요구한다

보증인 문제는 어디를 가나 부딪힌다. 대가족 시대라면 몰라도, 핵가족을 넘어선 1인 가구가 주류인 지금 시대에 가족을 신원보증인으로 요구하는 것은 애초에 잘못됐다고 생각하지만, 현실 사회가 그러하니 사실을 있는 그대로 말할 수밖에 없는 상황이 씁쓸할 뿐이다.

그렇다면 병원은 환자에게 무엇을 보증 받고 싶어 하는가? 입원비, 치료비 등의 지급보증, 수술 등 치료 동의, 사망 시의 사무 처리나 신원인수인 같은 것들이다.

만약 수술이 실패로 끝나 사망했다면 시신을 인수할 사람이 필요하다. 사망하지 않았더라도 병원에서 퇴원할 때는 도와줄 사람이 필요하다. 병원 측에서도 병원 현관에 환자를 혼자 내버려두고 방치할 수도 없는 노릇이다.

병원의 입장도 이해 못 할 바는 아니다. 더구나 최근에는 해외에서 치료를 받으러 온 부유한 외국인이 치료비를 내지 않고 달아나는 일도 심심치 않게 있었다고 들었다. 돈이 궁해서 치료비를 떼어먹는 거로만 생각했더니, 요즘은 형편이 좋은 사람들도 그런 경우가 꽤 있다 하니 기가 찰 노릇이다. 고액의 의료비를 받지 못하는 일이 거듭되면 결국 병원도 타격을 받을 수밖에 없으니 보증인을 요구하는 병원의 입장도 어느 정도 수긍이 간다. 다만 개개인의 사정에 따라 예외를 인정하고 유연하게 대처해주기를 바랄 뿐이다.

보증인이 없을 때는 어떻게 해야 할까?

그러면 가족이 없는 독신인 데다 신원보증을 서 달라고 부탁할 만한 사람도 없을 경우에는 어떻게 해야 할까?

① '가족이 없다'로 밀어붙인다

병원이 보증인을 요구하는 가장 큰 이유는 치료비를 떼이게 되는 일을 막기 위해서다. 가족을 보증인으로 세우라고 요구받았다면 "혼자라서 가족이 없다"라고 확고한 어조로 말해야 한다.

"가족이 있기는 한데 부탁하고 싶지 않아요."

이와 같은 불필요한 말을 하지 않는 것이 중요하다.

"혼자라서 가족이 없습니다."

이런 식으로 밀어붙여야 한다. 그러면 "저희 병원에 입원하실 수 없습니다"라고 말할 병원은 많이 없다. 보증인이 없으면 입원 수속을 밟을 수 없다고 법률로 정해져 있는 게 아니므로, 여기서 꿋꿋하게 버텨야 한다. 만약 거절당한다면 그 병원은 어차피 제대로 된 병원이 아니므로 다른 병원을 찾아보자. 어쨌든 상대에게 굽히지 않는 것이 중요하다.

② "미리 병원비 낼게요"라며 돈다발을 보여준다

가족은 없지만 보증인이 되어줄 친구가 있을 때는 "가족이 없는데 친구는 안 되나요?"라고 반드시 물어야 한다. 친구가 보증인이 되어도 상관없다고 말하는 병원도 많다.

그래도 만약 "안 된다"라고 거절당했다면, "치료비를 먼저 낼게요"라고 다시 부탁해본다. 또는 예금잔액증명서를 보여준다. 돈다발을 테이블 위에 올려두는 방법도 있다.

③ 병원도 방식을 바꿔야 한다

신원보증인을 구하지 못해 곤란을 겪는 사람이 생각보다 많다. 병원도 이런 현실을 고려해 대응 방식을 바꿔주기를 바란다. 가족이 없더라도 입원을 하거나 수술을 받을 수 있게 하는 일이 환자를 거부할 만큼 어려운 일은 아니지 않는가. 가족을 보증인으로 세우는 편이 가장 편하고 안심할 수 있기 때문에 관행이라는 이름 아래 오랫동안 이어져온 것일 뿐이라고 생각한다.

여기서 제안한다. 치료비를 받지 못하게 되는 것이 병원의 걱정이라면 '예치금 시스템'을 도입해보면 어떨까?

예를 들어, 입원하기 전에 '예치금'을 병원에 맡긴다. 만약 20만 엔[2백만 원]가량 입원비가 나올 것 같으면 조금 더 여유 있게 맡기도록 한다. 예금잔액증명서 사본을 제출하는 방법도 있지만, 세상에는 나쁜 사람도 있게 마련이므로 역시 현금을 미리 맡겨두는 게 좋다. 이 방법대로 하면 돈 문제에 관해서는 보증인이 필요 없어지게 될 것이다.

연명치료를 할까, 말까

존엄사란 무엇인가

누구나 건강하게 살다가 고통 없이 죽기를 바란다. 하지만 어떻게 죽을지는 아무도 모른다. 나쁜 쪽으로만 생각하고 싶지 않지만, 사람의 일이란 한 치 앞도 모르는 법이니 최악의 상황을 대비해두면 남은 인생을 조금은 맘 편히 보낼 수 있다.

만약 완치 가능성이 없는 병에 걸린다면 어떻게 할 것인가? 할 수 있는 모든 방법을 동원해서 치료할 것인가? 어떠한 고통이라도 견디면서 죽는 날까지 버틸 것인가? 아니면 고통 없이 편안하게 떠날 것인가? 또한 노화나 큰 병으로 음식물을 입으로 삼킬 수 없는 지경에 이르렀을 때 의료 기술의 도움으로 영양분을 공급받을 것인가? 아니면 스스로 곡기를 끊어 그대로 생을 마감할 것인가? 건강할 때 연명치료 여부를 정해두는 것이 좋다.

만약 갑자기 쓰러지거나 사고를 당해 곧바로 구급차에 실려 병원으로 이송되었다면, 때에 따라서는 인공호흡기를 쓰게 되거나 수액 주사를 맞게 될 수도 있다. 본인의 의사를 확인하지 않고 연명치료가 이루어지는 경우도 충분히 있을 수 있다. 또 생명유지장치는 한번 연결되고 나면 마음대로 뗄 수 없기 때문에 죽을 때까지는 그대로 매단 채 지낼 수밖에 없다.

지금은 건강하고 판단력이 있더라도 의식을 잃는 위급한 상황이 되면 의사나 가족에게 판단을 맡길 수밖에 없다. 이렇게 되기 전에, 즉 지금 바로 연명치료 여부를 정해두면 늦지는 않다. 좋은 죽음을 맞으려면 존엄사 선언은 반드시 필요하다. 여기서 존엄사란 과도한 연명치료를 하지 않고 마지막까지 인간의 존엄을 지키며 생명을 마감하는 행위를 말한다.

일본존엄사협회에서는 '종말기 의료에 관한 사전의향서'라는 양식을 배부하고 있다. 이는 '리빙 윌Living Will'이라고도 불리는, 생전에 본인이 연명치료를 바라지 않고 존엄사를 희망한다는 의사를 직접 문서로 밝혀두는 것이다.*

참고로 일본존엄사협회 홈페이지에 "존엄사란 무엇인가

---

* 우리나라에서는 '연명의료결정법'에 따라 2018년부터 보건복지부가 지정하는 등록기관에서 '사전연명의료의향서'를 작성할 수 있다.

요?"라는 질문에 다음과 같은 답이 올라왔다.

"존엄사란 불치의 병으로 죽음을 앞둔 말기 환자가 본인의
의사에 따라 단순히 임종 시기를 늦추기 위한 연명 치료를
거부하고 자연의 순리에 맡기는 죽음을 말한다.
본인의 의식이 분명한 상태에서 판단하여 결정하는 것이
중요하며, 이에 따라 존엄사는 자기결정에 의해 받아들이
는 자연사와 같은 의미로 본다."

"지금 당장은 죽음을 고민하고 싶지는 않아. 여든 나이쯤 되
거든 그때 가서 생각해보겠어."
이렇게 말하는 사람도 있겠지만, 존엄사 선언은 너무 이른
때도 없고, 너무 늦은 때도 없다. 예기치 않은 일이 생기기 전에
지금 바로 하는 게 좋다. 만약 당신이 자연스러운 죽음을 원한
다면 연명치료를 거부하는 것이 현명하다.

가족이나 친구에게 자신의 의사를 밝혀둔다

연명치료를 거부하고 자연사를 원해도 결국 이를 실행에 옮겨
주는 사람은 자신이 아니라 타인이다. 의식이 또렷하고 말도
할 수 있다면 괜찮지만, 아마도 연명치료 여부를 결정해야 하

는 상황이라면 이미 몸도 마음도 온전한 상태가 아닐 수 있다.

회복될 가망이 있는 젊은 사람이라면 몰라도, 살 만큼 산 고령자가 긴급하게 병원으로 이송되었다면 죽음의 문턱에 다다른 경우가 많다. 대개는 스스로 판단을 내릴 수 있는 상태가 아니다. 이때는 가족이 판단하는 수밖에 없다.

병원으로 실려 갔을 때 정신을 차리고 "연명치료는 거부할게요"라고 직접 말할 수 있다면야 좋겠지만, 유감스럽게도 그럴 가능성은 거의 없기 때문에 이때는 가족이 연명치료 여부를 결정하게 된다.

그래서 평소에 자기 의사를 가족들에게 전달해 동의를 구했느냐가 중요하다. 당신이 위급한 경우 가족은 당신의 의사를 존중하기보다 자신들의 감정을 우선하기 쉽다. 왜냐하면 가족은 당신이 죽지 않기를 바라기 때문이다. 어떤 모습으로든 살아 있어 주기를 바라는 게 가족이다. 지금은 존엄사나 연명치료에 대해 많이 알려졌지만, 예전의 무지했을 때의 나 역시 크게 다르지 않았다.

나의 아버지 연세가 여든다섯이 되던 2004년, 아버지가 집에서 갑자기 쓰러지셨고, 그 길로 바로 구급차에 실려 병원 중환자실로 옮겨졌다. 그때만 해도 존엄사니 연명치료니 하는 것에 아는 바가 전혀 없었던 나는 중환자실에서 숨을 거둔 아버지의 모습을 본 순간 의사에게 울며 매달렸다. 입원은 어느 정도 예상했지만 돌아가시리라고는 꿈에도 생각지 못했기 때문이다.

"임종도 못 지켰는데 이대로 보낼 수는 없어요! 어떻게든 살려내세요!"

하지만 지금 생각하면 아버지가 그렇게 떠나신 게 오히려 다행이지 싶다. 만약 그때 연명치료로 목숨을 건지셨다면, 코에 튜브를 꽂은 채 식물인간 상태로 지금까지 누워 계실지도 모른다. 그때를 떠올리면 지금도 몸이 오싹해진다.

어쨌든 자신이 스스로 판단할 수 없는 긴급한 상황에서는 가족이 결정할 수밖에 없다. 만약 절대로 연명치료를 받지 않겠다고 다짐했다면, 자신의 의사를 가족에게 알리고 이해를 구해야 한다. 자기 혼자 결정해봐야 가족이 받아들이지 못하면 아무 소용이 없다. 지금 무슨 그런 심각한 이야기를 하느냐며 듣기 피하는 가족도 있겠지만, 시간을 들여 끈기 있게 이해를 구하려는 노력을 해야 한다.

일례로 피붙이라고는 여동생 하나뿐인 내 친구는 요즘 마음이 뒤숭숭하다. 여동생이 돈 이야기에는 눈이 반짝반짝하지만 죽음에 관한 이야기에는 시큰둥하게 군다고 한다. 자기 신변에 무슨 일이 생겼을 때 달려와줄 사람은 여동생밖에 없는데, 자기에게 그런 상황이 닥치면 의사에게 "제발 우리 언니 목숨만은 살려주세요!"라며 매달릴 게 눈에 훤하다며 한숨을 내쉬었다.

가족과 친구가 존엄사에 관심을 갖게 하는 법

가까운 사람이 존엄사에 관심을 갖게 하려면 어떻게 해야 할까? "말을 물가로 끌고 갈 수는 있어도 물을 마시게까지는 할 수 없다"라는 말이 있듯이 억지로 해서 좋은 결과를 얻는 일은 별로 없다. 그래도 다음의 예를 참고해 최대한 방법을 찾아보자.

① 가족이나 친구를 집으로 초대해 존엄사 관련 책을
거실 테이블 위에 슬쩍 올려둔다

존엄사 관련 책을 거실 테이블 위에 두면 별생각 없이 책장을 넘겨 볼 가능성이 높다. 책에 멋진 커버를 씌워두면 더 좋다. 대충 넘겨보다 덮더라도 한 번이라도 들여다보는 것과 아예 보지 않는 것은 차이가 크다. 잡지에 존엄사 관련 특집이 있다면 포스트잇을 붙여두거나 해당 페이지를 펼쳐두는 식으로 일단 손에 닿게 하는 계기를 만드는 것이 중요하다.

② 생일 축하 자리 등 모두가 모였을 때
존엄사에 대한 생각을 밝힌다

생일을 축하하는 자리에서는 누구나 그날의 주인공 이야기에 귀를 기울인다. 밝고 흥겨운 분위기가 무르익어 건배사를 하게 됐을 때 이렇게 이야기해보자.

"여러분께 드릴 말씀이 있어요. 한 치 앞도 알 수 없는 게 인생이라잖아요? 그래서 저는 사전연명의료의향서를 작성했습니다. 제게 무슨 일이 생기면 잘 부탁해요. 자, 건배!"

참석한 사람들은 어안이 벙벙해 눈이 동그래질지도 모른다. 일단 이렇게 가볍게 운을 떼는 것으로 시작한다. 그러다가 운이 좋으면 존엄사를 화두로 이야기가 자연스레 오갈 수 있고, 그렇지 않더라도 존엄사에 최소한의 관심을 갖게 하는 계기가 될 수 있다.

가장 안 좋은 방법은 주위 사람들이 스스로 존엄사에 관심을 가질 때까지 기다리는 것이다. 기다려서는 안 된다. 주위 사람에게 자신의 의사와 진심을 알리고 인정받으려면 노력을 아끼지 말아야 한다.

절대 스스로 할 수 없는 일도 있다

사후 처리는 누구에게 부탁할까

"내 시신은 누가 처리해주나요?"

무엇이든 남의 손 빌리지 않고 내 손으로 직접 하고 싶어도 죽고 나면 어찌할 도리가 없다. 죽은 다음에는 제아무리 싫어도 다른 사람에게 신세를 질 수밖에 없다.

SSS네트워크의 활동을 하다 보면 본인의 사후 처리해야 할 일들이 신경이 쓰여 마음 편히 지내지 못한다는 사람들을 꽤 만난다. 죽는 건 어쩔 수 없지만, 그다음 일이 걱정인 것이다.

만약 당신이 독신이고 죽은 뒤 누가 당신의 시신을 거둬둘지 걱정이라면, 지금 살아 있는 동안 누구에게 부탁할지 미리 정해두는 게 좋다.

실제로 혼자인 사람의 가장 큰 고민거리는 시신 처리 문제다. 조카가 있지만 맡기고 싶지 않다. 그렇다고 친구에게 부탁하는 것도 선뜻 내키지 않는다. 아니, 친구는 대개 동갑이거나 비슷한 나이일 테니 친구가 먼저 세상을 떠났을 수도 있겠다. 그렇다면 젊은 사람에게 부탁할 수밖에 없다. 이런 식으로 다람쥐 쳇바퀴 돌 듯 안절부절못하다가 불안은 점점 더 커진다.

스스럼없이 죽음을 이야기할 수 있는 친구가 있다면 "내가 먼저 죽으면 네가 내 뒷정리 좀 해줘"라고 서로에게 부탁해두면 그만이지만, 그래도 친구가 먼저 눈을 감으면 어쩌나 쉽게 잠들지 못하는 밤이 이어진다. 이렇게 걱정이 많은 사람들은 비용을 들여서라도 비영리단체 등에 요청하는 수밖에 없다.

신원보증을 주로 하는 비영리단체는 공정증서 유언장 작성은 물론 일정 비용을 미리 지불하면 화장에서 장례, 납골, 사망 신고까지 당신이 불안하게 여기는 모든 일을 맡아서 해준다.

말하자면 가족이 해야 할 일을 대신해주는 것이다. 물론 당신이 죽을 때까지 그 비영리단체가 파산하지 않고 살아남아야 하겠지만 말이다. 하지만 앞으로 세상이 어떻게 되든 그런 것보다 자신의 시신이 걱정되어 견딜 수 없는 사람은 신원보증을 대행해주는 비영리단체에게 부탁하는 방법 외에는 별 뾰족한 수가 없다.

SSS네트워크의 회원 중에도 그런 비영리단체에 긴급 시 지원에서부터 치매에 걸렸을 경우 후견인, 신원보증인, 그리고 장례, 납골, 사후 유품 정리 등 일괄 처리해주는 계약을 맺은 후 안심했다는 사람이 많다.

내가 죽으면 잘 부탁해

SSS네트워크에는 재난 발생 시 회원끼리 서로 돕는 '재난 네트워크'라는 모임이 한때 있었는데, 이러한 모임을 만들어 서로 부탁하는 일도 가능하다. 서로가 같은 처지라는 생각으로 서로 돕는 일은 그다지 어렵지 않다.

"내가 먼저 죽으면 그때는 잘 부탁해." 이렇게 서로 부탁해보면 어떨까?

어쨌든 자기 시신은 스스로 처리할 수도 옮길 수도 없다. 마지막까지 제대로 마무리하고 싶다면 이런 일들은 일찌감치 누군가에게 부탁해두어야 마음 편히 지낼 수 있다. 현재를 즐기지 못하고 앞날을 걱정만 하기엔 인생이 너무 아깝다.

사후 유품 정리는
전문가에게 맡긴다

걱정은 한도 끝도 없다

사후 유품 정리도 어떻게 해야 할지 걱정하는 사람이 많다. '죽으면 끝인 걸, 죽고 나서 일이 무슨 상관이야' 하는 사람이 있는 반면, 마무리까지 깨끗하게 매듭짓고 싶어 하는 사람도 있다. 혼자인 사람은 죽고 난 후 자기 시신의 화장과 납골 등의 문제가 정리되고 나면, 다음으로 유품 정리에 생각이 미치게 된다. 혼자인 사람의 걱정은 한도 끝도 없다.

혼자 사는 대다수가 집에서 아무도 모르게 죽은 후 며칠이 지나도록 발견되지 못하는 고독사가 자기 일이 되어버릴까 노심초사한다. 가족이 있다면 몰라도 혼자 사는 사람 대부분이 발견되기까지 시간이 걸린다. 요즘 통 얼굴을 보지 못했다고 생각하는 사이에 부패가 진행되고 있을지도 모를 일이다.

"언제가 될지 몰라도 내 물건들은 깨끗이 정리해두고 떠나고 싶어."

이런 바람을 갖고 있는 사람이 많다. 하지만 죽고 나면 자기 물건은 스스로 정리할 수 없다는 게 문제다. 누군가의 도움을 받을 수밖에 없다.

그렇다면 누구에게 나의 유품을 정리하게 해야 할까. 최근에는 인터넷으로 검색해보면 유품을 정리해주는 업체를 금방 찾을 수 있다.

그럼 유품 정리 대행업체에 사후 정리를 의뢰했다고 가정해보자. 그러면 실제로 어떻게 작업이 진행되는지 궁금한 사람도 있을 것이다. 대략적인 작업 순서는 다음과 같다.

유품 정리 순서

1. 유품 확인

빠뜨린 귀중품은 없는지 점검한다. 가족이나 친척들에게 전달할 유품을 분류한다. 공양품*을 확인하고 재활용품도 따로 분류한다.

---

* 고인이 생전에 아꼈던 물건이나 고인의 추억과 관련된 물품을 제단에 공양품으로 대신 바쳐주는 서비스

2. 분류한 유품을 포장해 바깥으로 옮긴다.

3. 공양품, 유가족에게 전달할 유품, 재활용품 등은 트럭에 실어 회사로 옮긴다. 이외 물품은 폐기물 처리업체에 넘긴다.

4. 비워진 고인의 방을 청소한다.

5. 방에서 발견된 귀중품, 사진, 편지 등은 지정된 사람에게 전달하여 확인한다. 이때 가족이나 친척들에게 전달할 유품은 지정된 곳으로 보낸다.

6. 공양품은 유품 정리 업체에서 관장하는 제단에 올리고 합동 공양을 한다.

7. 재활용품으로 분류한 유품은 재생 및 판매하거나, 해외에 기증하기도 한다.

사실 모든 일이 그렇지만 업체마다 일하는 방식이 달라서 모든 물건을 한꺼번에 폐기하는 곳도 있고, 유족을 대신에 정성껏 정리해주는 곳도 있다.

일전에 나도 사후 처리를 대행해주는 비영리단체 직원을 따라 유품 정리 현장에 가본 적이 있다. 그때 유품을 어떻게 정리하는지 직접 보고서 업체에 따라 정리하는 방식과 일을 대하는 생각이며 태도가 다르다는 것을 알게 되었다.

한 비영리단체에서는 방 안에 있는 고인의 물건은 다 폐기

물로 취급해 분류 과정 없이 귀중품도, 증서도 쓰레기봉투에 한데 넣어 트럭에 던져넣었다. 생전에 유품 정리 계약을 한 고인이 "제가 죽으면 전부 버려주세요"라고 요청했기 때문이겠지만, 먼지와 쓰레기로 쑥대밭이 되었던 현장을 지금도 또렷이 기억하고 있다. 향 하나 피워 올리지 않고 정리는 시작되었고 순식간에 끝났다.

가족이 없는 독신은 살아 있을 때 전문 업체와 계약해 유품 정리 등 사후 처리 과정을 구체적으로 상의하는 게 좋다.

유품 정리 업체에는 다양한 상담 의뢰가 들어온다. 그중에서도 '사후 유품 정리 견적서' 문의가 가장 많은데, 한 업체에 따르면 최근 몇 년 사이 혼자 사는 노인들의 문의가 부쩍 늘었다고 한다.

"죽은 뒤에 집 정리는 어떻게 할까 걱정이 돼서요……."

이렇게 유품 정리 업체에 사전 견적서를 의뢰하는 사람의 90퍼센트가 70대 전후의 혼자 사는 여성이라고 한다. 그중 자녀가 없는 사람이 절반이고, 자녀가 있어도 부담 주고 싶지 않아 업체를 이용하는 사람도 적지 않다고 한다.

유언장을 작성해
믿을 수 있는 사람에게 맡긴다

주고 싶은 사람에게 물려주고 싶다

"유언장을 쓸 만큼 대단한 부자도 아닌데……."

요즘도 이렇게 말하는 사람을 종종 만난다. 그럴 때마다 혼자 사는 사람이 아무런 유언 없이 사망하면 황당한 일이 벌어지기도 하니 유언장을 반드시 작성해두라고 당부한다.

혼자 사는 사람은 왜 반드시 유언장을 남겨두어야 할까? 부모도, 배우자도, 자식도 없는 사람이 유언 없이 사망했을 시, 고인의 모든 재산은 법정상속인인 형제에게 상속된다는 건 알 것이다. 물려받을 형제도 없다면 국고로 환수되기도 한다. 한평생 열심히 일해 모아놓은 돈으로 죽을 때까지 아끼며 살았는데, 이마저도 국가가 몽땅 가져간다고 생각해보라. 국가로부터 받은 것도 없는데, 너무 억울하지 않은가?

형제 사이가 원만한 사람은 차치하고, 혼자서 죽어라 일해 모은 내 귀한 재산을 힘들 때 도와준 적도 없는 형제가 단순히 피붙이란 이유로 다 물려받고 좋아할 모습을 상상하면 울화가 치밀지 않는가?

모두가 다 그렇다고는 말할 수 없지만, 혼자인 당신의 재산을 결혼해서 가정이 있는 가족들이 노리고 있다. 이렇게 말하면 조금 과격할지 몰라도, 가족은 혼자인 당신이 죽기를 기다리고 있다고 말해도 지나치지 않다.

조카를 몹시 아껴서 있는 재산을 다 주고 싶은 사람도 있을 테니 이들은 별개로 하고, 혼자 사는 이모, 고모인 당신은 '가족 사칭 보이스피싱'을 걱정하기보다 그냥 '가족'을 조심하는 편이 좋겠다.

내 아버지가 돌아가셨을 때 상속 절차를 진행해준 법무사의 말로는 90퍼센트에 달하는 사람들이 상속 문제로 형제들끼리 다툰다고 한다. 함께 자랄 때는 형제가 서로 각별했다 하더라도 각자 가정을 꾸리면 자기 가정이 무엇보다 소중해진다. 한 푼이라도 더 받고 싶은 게 사람의 마음인 것 같다. 형제라 해도 같은 부모 밑에서 함께 자랐을 뿐, 성인이 되어서는 서로 다른 인격을 갖고 다른 인생을 살아왔다. 즉 남과 다를 바 없다. 그런데 법률상으로는 부모나 조부모가 타계하고 자녀도, 배우자도 없는 사람의 경우 형제자매가 고인의 모든 재산을 상속받게 되어 있다. 이것이 상속 분쟁의 원인이 된다.

세상에는 여러 이유로 일할 수 없는 사람도 있고, 돈을 벌 수 없는 사람도 있으므로 전체를 싸잡아 말할 수는 없겠지만, 자기가 모은 재산은 자기 자신을 위해 다 쓰고 가는 게 바람직하다고 생각한다. 부모의 재산은 부모의 것. 자식은 스스로 벌어 쓰면 된다. 빈손으로 시작하는 게 가장 좋을 때도 있다.

현재의 법률상으로는 유언이 없으면 법정상속인에게 재산이 넘어간다. 피땀 흘려 모은 돈이나 어렵게 장만한 부동산을 자기가 주고 싶은 사람에게 물려주고 싶지 않은가? 그렇다면 반드시 유언장을 작성해두어야 한다.

유언장을 쓴다면 어떤 방법이 좋을까

앞서 간단히 말했듯이, 유언에는 크게 세 가지 방식이 있다.

① 자필증서에 의한 유언 ② 공정증서에 의한 유언 ③ 비밀증서에 의한 유언

비밀증서 유언은 널리 쓰이는 방식이 아니므로, 여기서는 자필증서 유언과 공정증서 유언에 대해서만 다루도록 하겠다.

먼저 자필증서 유언에 대해 알아보자. 자필증서 유언은 유언자 본인이 직접 자필로 유언장을 써서 남기는 방식을 말한다. 가장 간단한 방식이어서 언제든 손쉽게 직접 작성할 수 있다는 장점이 있다. 작성 방법은 다음 요건을 충족하면 된다.

우선 유언자는 자필로 유언 내용을 모두 적은 다음, 작성 날짜와 이름을 적은 뒤 날인해야 한다. 자필증서 유언은 종이와 펜과 인감만 있으면 되니 비용을 들이지 않고도 유언장을 작성할 수 있어 다른 유언 방식에 비해 저렴하고 간편하다. 그만큼 가장 흔히 이용되는 방식이다.

오자, 탈자 등 잘못 쓴 글씨를 정정해야 할 경우에는 일정한 양식에 맞춰 진행해야 한다. 그 규정에 맞게 고치지 않으면 무효가 되므로 주의해야 한다. 시중에 자필증서 유언장 작성법에 관한 책들도 많으니 참고하면 좋다. 아니면 초안을 작성해보고 전문가에게 검토를 받는 것도 좋은 방법이다.

SSS네트워크에서는 '유언장 작성법 강좌'를 부정기적으로 열고 있는데, 관심이 있는 분은 참가해보기 바란다. 최근에는 여러 단체에서도 유언장 작성법을 알려주는 강좌를 곳곳에 개설하고 있으므로 홈페이지 등에서 확인해보면 좋을 듯하다.

혼자 사는 사람이라면 손쉽고 비용이 들지 않는 자필증서 유언장을 한번 작성해보는 것도 좋겠다. 겁을 줄 생각은 없지만, 죽음은 언제 어떤 식으로 찾아올지 아무도 모른다. 어쩌면 내일 비행기 사고로 죽을지도 모르고, 병원에서 시한부 선고를 받을지도 모른다. 그럴 때 만약 남겨둔 유언장이 없다면 당신의 재산은 법에 따라 특별히 잘해준 적도, 심지어 왕래도 없었던 가족이 상속하게 되고 만다. 그러니 자신이 주고 싶은 사람에게 유산을 상속하고 싶다면 몸과 마음이 건강할 때 생각을 정리해 유언으로 남겨두도록 하자.

자필증서 유언장 작성법

[유언장 예시]

유언장

유언자 다나카 유코는 다음과 같이 유언합니다.

1. 유언자는 장녀 사토 미도리(○○○○년 ○○월 ○○일 출생)에게 다음의 재산을 상속합니다.
   (1) 토지: _____
       주소: _____
       지목: _____
       지적: _____

---

(2) 건물

　　주　　　소: _____

　　건물번호: _____

　　종　　　류: _____

　　구　　　조: _____

　　바닥면적: _____

2. 유언자는 지인 다카오카 마유미(○○○○년 ○○월 ○○일 출생)에게 다음의 재산을 유증합니다.

　　(1) ○○은행 ○○지점 계좌번호

3. 상기 유언장에 의해 지정된 상속재산 이외의 모든 재산은 동물보호협회에 유증합니다.

4. 이 유언의 이행을 위하여 유언집행자로 가토 사나에 법무사를 지정합니다.

　　　　　　　　　　　　　　○○○○년 ○○월 ○○일

　　　　　　　　　　　　　　도쿄도 ○○구 …

　　　　　　　　　　　　유언자 다나카 유코 （인）

[작성 시 주의점]

유언장을 작성할 때 주의해야 할 사항이 몇 가지 있지만, 여기서는 가장 중요한 두어 가지만 짚어보고자 한다.

먼저 앞에서 말한 대로 유언장 작성 시 유언자가 유언 내용을 모두 자필로 적고, 작성 날짜와 이름을 적은 뒤 날인해야 하는데, 이 가운에 하나라도 빠지면 법적으로 무효가 됨으로 유념해서 적도록 한다. 또 앞의 유언장 예시에 마지막으로 적힌 주소는 법적 요건은 아니지만, 유언자가 누구인지 명확히 해주는 요소이므로 넣어주는 것이 좋다.[*]

또한 법정상속인, 즉 배우자, 자녀, 부모, 형제자매 등에게 유산을 물려줄 때는 '상속한다'라고 쓰고, 지인이나 단체 등에 재산을 남길 때는 '유증한다'라고 써야 한다. 유증이란 아무런 대가를 받지 않고 자기의 재산을 타인에게 준다는 뜻이다. 유증 받는 수유자가 되는 데는 조건이나 제한은 없고, 법정상속인과 그 외의 제3자 또는 법인 등 단체도 가능하다. 법정상속인에게 유산을 물려줄 때는 '상속한다', 타인이나 단체에 물려줄 때는 '유증한다'라고 써야 상속 절차가 원활하게 진행되는 데 도움이 된다 하니 참고하자.

그 밖에 자세한 사항은 인터넷 검색창에 '자필증서 유언장

---

[*] 우리나라에서는 자필증서 유언이 법적 효력을 가지려면 유언 전문, 작성 날짜, 주소, 이름, 날인 등 다섯 가지 사항이 반드시 포함되어야 한다.

작성법', '자필증서 유언장 양식' 등을 검색하면 보다 많은 정보가 올라와 있으므로 참고하기 바란다.

작성했다고 안심은 금물, 자필증서 유언의 함정

"이제 안심이야. 내일 죽는다 해도 이제 큰 걱정은 없어."

이처럼 자필증서 유언장을 작성하고 나니 한결 마음이 놓인다고 말하는 사람을 종종 만난다. 법이 정한 형식을 갖춰 작성했다면 사후에 자신의 유언대로 상속되므로 안심할 수 있겠지만, 여전히 문제는 남아 있다.

독신인 경우 유언과 관련해서는 모든 일이 그리 간단하게 진행되지 않는다는 사실을 최근에야 알게 되었다. 아무래도 거기까지 알지 못하는 사람들이 있을지도 모르니 조금 더 이야기해보겠다.

자필증서 유언에도 함정이 있으니 주의해야 한다. 본인이 유언장을 작성해 남겨뒀더라도 이 유언장을 처음 발견한 사람이 딴마음을 품고 있다면 자칫하다가 유언이 실행되지 않을 수 있다. 또 혼자 사는 사람의 경우에는 아예 유언장이 발견되지 못할 수도 있다.

그런 일은 상상하고 싶지 않지만, 예를 들어, 당신이 작성한 유언장을 유품 정리를 하러 온 직원이 발견했다고 하자. 유언에 관한 법적 절차를 잘 모르는 직원이 가정법원의 검인 절차를 거치지 않고 유언장을 개봉해버린다. 개봉하고 나면 과태료를 물게 될 수도 있다는 사실도 모른 채 말이다. 유언을 집행하기 위해서는 유언장에 검인 완료 증명서가 반드시 첨부되어야 한다.

또 이런 일도 있을 수 있다. 평소 형제와 아예 연락을 끊고 살았거나 사이가 나빴다고 해보자. 유언장을 발견한 형제는 이렇게 생각할지도 모른다. 자신에게 재산이 돌아오지 않게끔 유언장을 썼을 게 분명하다고 말이다. 형제에게는 유류분 권리가 없으므로* 법원에 청구해도 받을 수 없다. 이를 모를 리 없는 형제는 유언장을 파기해버릴지도 모른다. 입만 다물고 있으면 아무도 모르게 넘어갈 수 있으니 말이다. "남긴 유언장은 없었다"라고 말하면 그것으로 끝이다. 유언이 없는 경우에는 형제가 법정상속인이 되므로 그 형제에게 재산이 돌아가게 된다.

가족은 돈 냄새에 민감하다. 돈을 받을 수 있는 권리는 절대 포기하지 않는다. 재산 상속을 둘러싼 다툼이 끊임없이 벌어지는 이유는 다들 받을 수만 있다면 한 푼이라도 더 많이 받고 싶은 욕망 때문이다.

혼자 사는 독신은 유언을 작성해둔 것만으로 안심해서는 안

---

* 147쪽 각주 참고

된다. 자신의 원하는 대로 재산이 상속될 수 있도록 하기 위해서는 혹시 발생할지도 모를 문제를 미리 파악해두는 게 좋다.

믿을 수 있는 사람에게 유언장을 맡겨둔다

이제 유언의 실행 절차를 정리해보자. 자필증서 유언은 유언장을 발견한 사람이 바로 가정법원에 제출하여 검인을 받은 후에 개봉해야 한다. 이때 상속인 또는 그 대리인의 입회하에 고인이 작성한 유언장이 맞는지 확인한다. 그리고 유언으로서 유효하다는 판단을 받으면 비로소 유언이 집행된다.

앞에서도 말했지만, 자필증서 유언은 법정상속인이 유언장을 먼저 발견한 경우 자신에게 유언 내용이 불리하면 유언장을 몰래 폐기할 가능성이 있다는 단점이 있다. 만약 자기가 남긴 유언대로 집행되기를 원한다면, 유언장에 재산을 물려주기로 명시한 수유자에게 유언장을 맡겨두는 것이 좋은 방법이라고 생각한다.

일본에서는 2020년 7월부터 자필증서 유언장에 한해 법무국에 보관해둘 수 있는 제도가 시행되고 있다. 이 덕분에 유언장의 조작이나 위조, 분실 및 도난 같은 위험은 피할 수 있게 되었다. 이 보관 제도를 이용할 경우 법인 정한 형식에 맞춰 자필로 유언의 전문, 작성일, 이름을 쓰고 날인하는 것까지 하되,

봉인은 하면 안 된다는 조건이 있다. 다시 한번 강조하지만, 유언장은 법이 정한 요건을 갖추지 못했다면 유언대로 집행되지 않으므로 유의해야 한다. 또 법무국에서는 유언장을 보관만 해줄 뿐 유언의 법적 효력 여부는 따로 판단해주지 않는다는 점도 알아두자.

가족과 같이 살고 있거나 자녀가 있는 사람이라면 "내 유언장은 여기에 뒀으니까, 내가 죽으면 가정법원에 제출해줘"라고 부탁하면 되지만, 홀로 생활하는 사람이라면 떨어져 지낸 가족이 먼저 발견하고는 폐기해버리는 일도 있을 수 있다.

또한 유언장은 나중 날짜에 작성된 것이 유효하다는 점도 기억해두자.

4장에서 사례로 들었던 후미코 씨의 이야기를 다시 떠올려보기 바란다. 형제들과 견원지간이었던 그녀는 유산만큼은 절대로 그들에게 남기고 싶지 않았다. 노골적으로 돈 욕심을 보여온 만큼 독신인 후미코 씨의 유산을 내심 기대하고 있었다. 하지만 그들에게는 한 푼도 남겨줄 생각이 없다는 걸 그들이 알았다가는 더 지독한 꼴을 당할지 몰라 후미코 씨는 꾀를 내어 자필증서 유언장을 형제들에게 보여주고 아예 유언장까지 맡겼다고 한다.

"오빠는 내가 죽으면 내 재산이 자기 것이 될 거라 믿고 내심 좋아했어요. 내가 죽기만을 기다렸죠. 하지만 오빠가 생각하는 만큼 나는 바보가 아니에요. 이미 그것보다 나중 날짜가 적힌 공정증서 유언장을 만들어놨어요." 후미코 씨는 그렇게 말하며 웃었다. 즉 그들에게 건넨 유언장은 무효인 셈이다.

형제라는 사람들이 죄다 도둑 심보를 가졌다고 말하려는 게 아니다. 독신으로 살아온 사람은 자신의 유산을 누구에게 물려줄지 신중하게 생각해둬야 한다는 것을 강조하고 싶다.

얼마 전 친구와 수다를 떨다가 알게 된 일인데, 친구 말이 신세 진 사람들에게 100만 엔[1천만 원]씩 주겠다는 내용으로 자필증서 유언장을 작성했다고 한다.

"언제 봐도 얄미운 A 씨에게는 한 푼도 주고 싶지 않아. B 씨는 항상 날 잘 챙겨주는데 100만 엔[1천만 원]쯤 줄까? 아니면 300만 엔[3천만 원]쯤 남겨서 놀라게 해줄까?" 그런 생각을 하니 친구들을 만나는 일이 더 즐거워졌단다.

게다가 유언장을 쓰면서 '누구에게 무엇을 얼마나 남길 것인가?'를 곰곰이 생각하는 동안 자신에게 소중한 사람이 누구인지 새삼 깨닫게 되었다고 말이다.

친구의 말에 자극을 받아 드디어 나도 이 코로나19 팬데믹의 틈바구니에서 자필증서 유언장을 작성했다. 그리고 직접 써보면서 알게 된 것들이 있다.

유언장을 쓴다는 것은 지금까지의 인생을 되돌아보는 동시에 친구와의 관계도 되돌아보는 좋은 기회가 된다. 자신의 인생을 한번 정리해본다는 의미에서도 유언장을 써볼 것을 권하고 싶다.

공정증서 유언장 작성법

공정증서 유언이란 간단히 말해 유언자가 직접 유언장을 작성하지 않고 공증인에게 유언을 부탁하는 것이다. 즉 증인이 2명 이상 참여한 상태에서 유언자가 공증인 앞에서 유언의 내용을 말해주면, 공증인이 이를 필기하여 유언자와 증인 앞에서 확인시키고, 유언자와 증인이 마지막으로 내용을 점검한 다음 각자 날인해 유언장을 완성하는 것을 말한다. 이때 유언자가 유언을 시작할 때부터 증서 작성이 끝날 때까지 반드시 증인이 참여해야 하며 단 한 명이라도 참여하지 않으면 무효가 된다. 만약 증인을 맡아줄 사람이 없을 때는 공증사무소를 통해 소개받는 방법도 있으므로 참고하기 바란다.

독신 여성들이 공정증서 유언장을 작성하는 경우가 많다. 자필증서 유언과 달리 원본이 공증사무소에 보관되기 때문에 위조되거나 분실될 위험이 낮아 비교적 안전하기 때문이다.

다만 이 공정증서 유언장을 작성할 때는 재산 가액과 상속인 수에 따라 수수료를 부담해야 한다. 또한 부동산, 예적금 등 상속 재산의 내용을 명기하기 위해 등기부등본, 인감증명서,

유언자의 호적등본, 상속인의 호적등본 등이 필요하다. 그만큼 자필증서 유언에 비해 시간도, 수고도, 비용도 더 들어간다는 단점이 있다.

현금이나 부동산 등 자산이 많은 사람일수록 이 공정증서 유언장을 작성하는 경향이 있다.

얼마 전에도 공정증서 유언장을 작성한 우리 단체의 한 회원이 한시름 던 듯한 표정으로 말했다.

"이젠 걱정할 게 하나도 없어요. 마음 편하게 지낼 수 있겠어요." 그녀는 자신이 세상을 떠난 후 자기 뜻대로 재산이 처분될 수 있다는 것을 확인할 수 있어서 무엇보다 안심했다고 한다. 나 같은 경우에는 재산이라고 해봐야 약간의 예금밖에 없어서 공정증서 유언장까지 준비해둘 필요가 있을까 싶지만, 사람 일이란 앞으로 어떻게 될지 모르니 제대로 알아두자.

앞서 언급했듯이 공정증서 유언장은 상속인에게도 수수료를 부과하지만, 수유주에게도 유언 집행 시 수수료를 매긴다. 덧붙여 공증인을 자택이나 병원 등으로 불러 공정증서 유언장을 작성하는 것도 가능하나, 그때는 별도 비용이 든다는 점도 기억해두자.

공정증서 유언장은 여러 번 고쳐 써도 문제가 없지만, 그때마다 비용을 부담해야 하므로 신중하게 작성하도록 하자.

유산으로 물려줄 수 있는 재산 목록

유언장 작성 시 기재할 수 있는 재산의 예는 다음과 같다.

- 부동산(산림이나 농지 등도 포함)
- 예적금
- 주식
- 미술품, 보석 등
- 자동차

공정증서 유언장을 작성했다고 끝이 아니다

공정증서 유언장은 위조되거나 분실될 위험이 없어 안심할 수 있다는 장점이 있지만, 생각지 못한 약점도 있다.

나 역시 공정증서 유언장을 작성해두는 게 가장 안전하고 확실하다고 생각하고, 내 뜻대로 유언이 실행될 것이라 믿지만, 가족이 없는 독신인 경우라면 문제가 발생할 가능성도 충분히 있다.

일례로 SSS네트워크의 한 회원이 "내가 죽으면 SSS네트워크에 100만 엔[1천만 원]을 기부할게요"라며 연락을 해온 적이 있다. 그는 75세의 혼자 사는 독신 여성이었다.

"내가 죽으면 SSS네트워크에도 기부하기로 했어요. 적은 금액이지만 받아주세요. 공정증서 유언으로 기부할 뜻을 남겼습니다." 이 말을 듣고 깨달았다. 그녀가 사망했다는 사실을 내가 어찌 알겠느냐 하는 것 말이다.

만약 유언집행자가 가족이라면, 듣도 보도 못한 단체에 그녀의 사망 소식을 알려줄 것 같지는 않다. 심지어 그녀가 공정증서 유언장을 작성했다는 사실조차 모를 수 있다. 그런 경우에는 어떻게 될까?

가령 그녀가 사망하고 몇 달이 지나 우리 단체에서 보낸 우편물이 반송되어 그녀의 죽음을 알게 됐다고 해보자. 그때서야 "고인이 돌아가시면 우리 단체에 기부하겠다는 뜻을 생전에 밝히셨다"며 유가족에게 연락하는 것도 어딘가 이상하다. 그런 짓을 했다가는 우리 단체가 기부를 강요했다고 생각할 게 뻔하다.

여기서 유언집행자가 유언의 내용대로 집행하는지 감독하는 기관이 있을까 하는 의문이 들었다.

예를 들어, 고인이 생전에 장례나 납골, 유품 정리 등 사후에 처리해야 할 일을 비영리단체에 의뢰했다고 해보자. 그럴 때는 대개 고인의 의뢰를 받은 비영리단체가 유언집행자가 된다. 문제는 그 비영리단체를 누가 감독하는가다. 제3자 기관을 설치하고 있는 곳도 있지만, 그 기관의 구성원은 해당 단체와 직간

접적으로 관련이 있는 사람인 경우가 대다수다.

왜 이런 말을 하냐면, 공증증서 유언장의 존재가 그대로 묻힐 뻔했던 일을 실제로 겪었기 때문이다. 평소 유품 정리가 어떤 식으로 진행되는지 궁금했던 차에 기회가 닿아 일을 돕기로 자청하여 따라나선 적이 있다. 혼자 살던 여성이 유품 정리 업체에 사후 유품 정리를 부탁한 사례였다.

유품을 정리하는 일은 상상한 것보다 훨씬 힘들었다. 이와 관련해서는 앞으로 따로 이야기할 기회가 있을 것이므로 여기서는 그냥 넘어가겠다. 아무튼 나는 옷장을 맡아 정리하고 있었는데, 그 속에서 커다란 서류 봉투가 하나 나왔다. 일을 시작하기 전에 업체 직원으로부터 뭐든 전부 버리라는 말을 들었던 터라 쓰레기봉투에 넣으려고 했다. 그런데 아무래도 신경이 쓰였다. 확실하게 해야겠다 싶어 업체 직원에게 봉투를 건넸다. 열어 보니 공증증서 유언장이 들어 있었다.

만약 내가 그때 그 서류 봉투를 쓰레기봉투에 넣어버렸다면, 가족 없이 혼자 살던 그 여성이 공정증서 유언장을 작성했다는 사실을 아는 사람은 세상에 아무도 없는 게 된다.

공정증서 유언은 유언의 방식 중 가장 정확하고 안전하다고 알려져 있지만, 실행되지 않으면 의미가 없다. 공정증서라고는 해도 유언한 당사자가 사망했을 경우 공증사무소에서 고인의 유언장과 관련 있는 사람에게 연락을 할 리도 없다. 원래 공적

기관들은 별다른 요구가 없는 한 꿈쩍도 하지 않는다는 사실은 익히 알려져 있다. 그런데다가 공증사무소는 서류를 작성하고 보관할 의무는 있어도, 가족에게 알릴 의무는 없다.

만약 당신이 공정증서 유언장을 작성했다면 수유자 중 한 명에게 사본을 한 부 복사해 건네놓는 게 좋다. 그러지 않으면 공정증서 유언장이 있다는 사실조차 알려지지 못한 채 모든 재산이 법정상속인에게 돌아가게 된다.

유언에 대해 자세히 알게 될수록 혼자인 사람은 믿을 만한 친구가 있어야 한다는 것을 절실하게 느낀다. 믿을 수 있는 친구를 유언집행자로 정해 유언장의 복사본을 맡겨두면 일단 실행되는 데에는 문제가 없을 것이다.

사망 후 3일 이내에 발견되려면

고독사는 피하고 싶다

'고독사'만큼은 하고 싶지 않다고 말하는 사람이 많다. 이유를 물어보면 백이면 백 죽은 뒤 한참 뒤에야 발견될까 봐 걱정스러워서라고 답한다.

"옆집에서 악취가 나서요. 경찰에 연락해서 문을 열어봤더니 글쎄……."

이런 이야기를 들을 때마다 혼자 쓰러져 방치된 내 모습이 머릿속에 그려져 식은땀이 난다.

"혼자 집에서 죽는 건 상관없지만, 썩어서 흐물흐물해진 채로 발견되기는 싫어요. 무엇보다 이웃에도 이만저만한 폐가 아니고, 친척들도 다 멀리 사는데 고생시킬 게 뻔하잖아요. 고독사만큼은 정말 피하고 싶다니까요."

진심으로 이렇게 이야기하는 사람이 의외로 많다.

실제로 고독사 현장은 상당히 참혹하다. 죽은 뒤 며칠 안에 발견되면 그나마 낫지만, 여름철에는 부패 속도가 빨라 악취뿐만 아니라 바퀴벌레며 구더기며 온갖 벌레가 들끓어 처음 발견한 사람은 한동안 정신적 충격에서 벗어나지 못한다고 한다.

아무리 멋지게 혼자서 살아왔다 해도 마지막에 가서 구더기로 뒤덮이는 인생이라니 참으로 허망할 수밖에 없다. 죽은 뒤의 일이야 본인은 알 수 없다고는 해도 피할 수 있다면 피하고 싶은 광경이다.

그러면 홀로 생활하는 사람이 사망 후 3일 이내로 발견되려면 어떻게 해야 할까? 결론부터 먼저 말하자면, 평소 당신에게 관심을 가져주는 사람이 있느냐 없느냐에 달린 일이라고 말하고 싶다.

혼자 살고 있더라도 '뭔 일이지? 왜 안보이지? 집에 없나?' 하고 신경을 써주는 사람이 있으면 대개 3일 이내에 사람들이 내게 무슨 일이 생겼나 하고 생각할 것이다. 누구와도 교류하고 있지 않았다면 사망한 지 한 달이 지나도 아무도 알아채지 못해 구더기에 뒤덮이는 일도 있을 수 있다. 그러므로 반드시 사망 후 3일 이내에 발견되고 싶다면 지금부터라도 이웃 사람과 교류하고 사이좋게 지내도록 하자. 이웃과는 알고 지내긴 하지만 사람들과 부대끼는 게 싫어 영 내키지 않는다면 먼저 신문을 구독해볼 것을 권하고 싶다.

사망 후 3일 이내에 발견되기 위한 작전

신문을 구독한다

신문은 매일 배달되기 때문에 우편함에 사흘 치가 쌓여 있으면 신문을 배달해주는 사람이나 이웃 사람 중에 '이상하다'고 생각하는 사람이 나오게 마련이다. 신문을 구독하는 것은 안부 확인의 가장 간단하고 유효한 방법이다. 매일 신문을 받아보는 일이 귀찮은 사람도 있겠지만, 3일 이내에 발견되고 싶다면 그런 말을 할 때가 아니다. 그저 안부 확인의 수단이라고 생각하면 된다.

도시락 배달 서비스를 받는다

혼자 사는 사람을 위한 도시락 배달 서비스는 각 지역의 지방 자치단체에서 실시하고 있다. 자기가 스스로 음식을 만들 수 있는 사람이라도 한 주에 한 번 정도는 이 서비스를 받는 게 좋다. 도시락 배달은 물론 안부까지 확인해주는 서비스를 받을 수 있기 때문이다. 게다가 배달해주는 사람과 얼굴을 익히고 나면 사람을 만나는 즐거움이 더해진다. 아무튼 죽은 뒤 3일

이내에 발견되려면 누군가 정기적으로 집에 찾아오게끔 하는 게 핵심이다. 아무리 친한 친구라 해도 정기적으로 찾아오기는 힘들지만, 도시락 배달 서비스를 해주는 사람은 매번 정해진 시간에 와준다. 자신이 언제 어떻게 쓰러질지는 아무도 모른다. 가능한 한 빨리 발견되고 싶다면 이용해 봐도 좋은 방법이 아닐까 싶다.

모임에 참가한다

"어머, 그 사람 안 왔네. 무슨 일이라도 생겼나?" 이처럼 당신을 신경 써주는 사람이 있다면 사망 후 3일 이내에 발견될 확률이 높다. 그런 사람이 없다면 지금부터 만들자. 그러려면 모임에 참가해야 한다. 어떤 모임이라도 상관없다. 취미 모임, 공부 모임, 아니면 자원봉사 모임이든 뭐든 좋다. 일단 참가할 모임을 정했다면 가급적 오랜 기간 꾸준히 나가는 게 중요하다.

만약 그 모임의 핵심 멤버가 된다면, 모일 때 한 번만 빠져도 당장 누군가 연락을 해올 것이다. 당신을 걱정해주는 사람이 주변에 있으면 사망 후 비교적 빨리 발견될 가능성이 높아진다. 꼭 그렇게까지 해야 하나 싶어 내키지 않는 사람도 있겠지만 발견만 제때 된다면 방법을 가릴 게 아니다. 죽은 뒤 3일 안에 발견되지 못할까 전전긍긍하며 잠 못 이루는 사람이라면 평소에 이러한 노력을 기울일 필요가 있다.

돌봄 서비스를 요청한다

모임을 나가기도 귀찮고, 다른 사람들과 어울려 지내기도 내키지 않을 수 있다. 그런 사람은 요양사 방문 서비스를 이용해보면 어떨까? 일주일에 한 번 청소 정도라면 자비로 부담한다 해도 그리 큰돈이 드는 것도 아니니 사망 후 3일 안에 발견되고 싶다면 그 정도의 투자는 필요하다고 생각한다. 또한 요개호인정을 받으면 일주일에 몇 번은 돌봄 서비스를 이용해 생활 지원을 받을 수 있으므로 비용 면에서는 부담이 훨씬 덜하다.

정기적으로 자기 집을 방문하는 사람이 있다는 것만으로도 안심이 될 때가 있다. 실제로 요양사가 자신이 돌봐온 노인이 숨져 있는 것을 발견하는 사례가 적지 않다.

안부 확인 서비스를 이용한다

통신기기를 활용해 원격으로 안부를 확인할 수 있는 방법도 있다. 대표적으로는 노인들이 일상적으로 사용하는 전기포트의 사용 정황을 멀리 떨어져 사는 가족이나 친구에게 알려주는 서비스가 있다. 보온병 전문 업체인 조지루시에서 만든 '아이포트'라는 전기포트에는 무선통신 기능이 내장되어 있어 전원이 켜지고 물이 끓는 등의 사용 내역을 매일 가족이나 친구가 휴대전화나 이메일로 받아볼 수 있게 하는 방식이다. 차를 즐겨 마시는 일본인의 생활 습관을 활용한 것이어서 사생활을 침해하지 않고 전기포트 사용자의 안부 확인이 가능하다는 장점이 있다.

또 보안회사 세콤에서는 '세콤 지킴이 폰'이라는 서비스를 시작했다. 집에 있을 때나 외출했을 때, 갑자기 몸 상태가 안 좋아졌을 때 지킴이 폰에 달린 긴급 버저용 스트랩을 잡아당기면 세콤에 이상 신호가 접수되어 긴급 출동하는 구조이다.

하지만 이렇게 말하면 화내는 사람도 있겠지만, 홀로 죽음을 맞이하고 싶은 사람에게는 긴급 버저는 필요 없다. 세콤에서 급하게 달려오면 혼자서 조용히 죽음을 맞이할 수도 없기 때문이다.

나가며

사실 나는 2010년에 이미 《홀로 죽음おひとり死》이라는 제목으로 책을 한 권 냈다. 시대를 너무 앞서갔는지, 아니면 제목이 어둡고 무거워서 그랬는지 판매량이 신통치 않아 저자인 나조차 그 책의 존재를 까맣게 잊고 있었다.

그러던 중에 SB신서 편집부의 미노 하루요 씨가 전화를 해 와 "70대가 된 지금이 홀로 죽음에 대한 책을 쓰기에 딱 알맞은 시기가 아닐까요?"라며 격려해줬다. 사실 지난번 책 《혼자서 나이 든다는 것ひとりで老いるということ》이 출간되어 한숨 돌리던 차였기에 당분간 느긋하게 쉬고 싶었다. 그러나 의뢰가 들어오는 것만으로도 얼마나 행복한 일인가 싶어 이내 마음을 고쳐먹고 집필에 매달려 두 달 만에 탈고했다.

서둘러 편집 작업을 하느라 고생이 이만저만이 아니었을 텐데, 잘 마무리해준 미노 씨에게 고마운 마음을 전한다. 또 취재에 협력해준 SSS네트워크 회원들에게도 이 자리를 빌려 감사의 말씀을 전하고 싶다.

그리고 마지막으로 이미 세상을 떠난 분들께 특별히 감사드린다. 어떤 순간에도 그분들의 입가에서 떠나지 않던 미소는 아마 평생 잊지 못할 것이다. 다시 한번 감사 인사를 드린다.

내 생애 마지막 책이라는 생각으로 온 힘을 다 짜내 이 책을 썼다. 그런데 미노 씨의 이야기로는 탈고한 뒤에 내가 매번 "이게 마지막이야! 다시는 책 안 써요!"라고 했던 모양이다. 그렇다면 매일 단어와 씨름하며 아등바등했던 시간은 어느샌가 잊고 또 책을 쓰겠다고 나설지도 모르겠다. 그때는 또다시 독자 여러분과 반갑게 만나게 되기를 바란다.

2021년 7월
마츠바라 준코

옮긴이 송경원

물리학과를 졸업하고 대학원에서 일어교육과 일본근대문학을 공부했다. 재미있고 의미 있는 책을 찾아 국내에 소개하고 우리말로 옮기는 일을 한다. 현재 소통인(人)공감 에이전시에서도 번역가로 활동 중이다. 옮긴 책으로 《후회병동》, 《마지막 산책》, 《누구나 혼자인 시대의 죽음》, 《고양이형 인간의 시대》, 《100세까지의 독서술》, 《대중을 사로잡는 장르별 플롯》, 《같은 소재도 전혀 다른 이야기가 되는 글쓰기 매뉴얼》 등 다수가 있다.

**인생의 마지막 순간에는
누구나 혼자입니다**

초판 1쇄 인쇄 2023년 2월 20일
초판 1쇄 발행 2023년 2월 25일

지은이 마츠바라 준코
옮긴이 송경원

펴낸이 최정이
펴낸곳 지금이책
주소 경기도 고양시 일산서구 킨텍스로 410
전화 070-8229-3755
팩스 0303-3130-3753
이메일 now_book@naver.com
블로그 blog.naver.com/now_book
인스타그램 nowbooks_pub
등록 제2015-000174호

ISBN 979-11-88554-65-2 (03330)